U0059695

目錄

佛

「三世」是佛教的說法，三世之說是佛教業報輪迴說的理論根據之一。三世又叫「三際」。世，梵語叫路迦，《楞嚴經》說：「世為遷流。」意思是時間的流動。佛教用於因果輪迴，指個體一生的存在時間。所謂「三世」，就是過去、現去、未來，也可以說成前世、現世、來世，或前生、現生、來生，或前際、中際、後際。

佛教中「世」的時限，與我國古人的概念很不相同。「世」在甲骨文和金文中，作卅，是「三十」的意思，故古人以三十年為一世。《論語・子路》有一句「如有王者，必世而後仁。」意思是，如出現稱王作國君的人，他一定等三十年以後，才能施仁政。此句的集解說：「三十年曰世。」

佛教的「世」有多長時間呢?說來有意思，短的沒有一眨眼的工夫，長的卻要長得嚇死人。短的有「剎那三世」，何謂「剎那」?剎那是梵文Kṣaṇa的意譯，意思是最短暫的時間。短得無法用動作表示。中國形容時間短，有「須臾」「彈指間」、「一眨眼」等，可「剎那」要短多了，「彈指頃有六十剎那」!就是說，眨眼工夫已過去了六十剎那!你還能作何動作來表示「剎那」?「剎那三世」即以一剎那為現在世，之前之後則分別為過去世和未來世。還有所謂人生三世，以人的一生為一世（現在世），前後為過去世和未來世。再有一種是「劫世」。

劫，是梵文kalpa的音譯「劫波」之略，意為極為久遠的時間。古印度的婆羅門教認為世界要經歷許多劫，一劫是四十三億二千萬年，劫末有「劫火」出現，燒毀一切，然後重新創造世界。這種說法與現代科學的地球壽命說有一些巧合。佛教首創其說，但說法不同，總的認為，世界有周期性的生滅過程，經過極漫長的時間，就要毀滅一次，然後重新開始。佛教以一劫為一世，此前為過去世，此後為未來世。三世佛的「三世」，是指最後一種概念。

在寺廟的大雄寶殿中，大多供奉三尊佛像，有些即三世佛。中間為釋迦牟尼，是現在佛；左邊的一尊是燃燈佛，是過去佛；右邊的一尊為彌勒佛，是未來佛。這三尊佛是按時間先後排列，是前後上下關係，故稱豎三世佛。還有按地域空間劃分勢力範圍的三世佛，叫橫三世佛（詳後）。

佛教中還有三世三千佛的說法，即過去世莊嚴劫一千佛，稱燃燈諸佛；現在世賢劫一千佛，稱釋迦諸佛；未來世星宿劫一千佛，稱彌勒諸佛。佛壇上的三位，就是三世三千佛的代表。

現在佛釋迦和未來佛彌勒有專節介紹，這裏主要談談燃燈佛。

燃燈佛，是梵文Dīpaṃkara的意譯，又譯作「定光佛」。為何稱燃燈？《大智度論》卷九說，他「生時，一切身邊如燈，故名然（通「燃」）燈太子。作佛亦名然燈。」當初，釋迦牟尼還是儒童時，見王家姑娘拿著一些青蓮花，他就花了五百錢買了五枝，奉獻給燃燈佛。有一次他跟著燃燈佛出門，看見地很泥濘，就脫下衣服蓋在地上，請師父踩在上面走。燃燈佛看這孩子這麼懂事，就授記（預言）曰：「是後九十一劫，名賢劫，汝當作佛，號釋迦文如來。」這個傳說載於《瑞應經》卷上。

按著輩份，燃燈佛是釋迦牟尼的啟蒙老師，當然是過去佛。按「劫世」理論，生在過去世莊嚴劫。他預言九十一劫後，釋迦牟尼接班成佛。釋迦牟尼「成佛」（圓寂）的時間是公元前五世紀，距今兩千多年。燃燈佛是九十一劫前作的授記，按照前邊說的最保守的推算方法（即一劫為四十三億二千萬年），師徒倆的那次談話，至少是在三千九百億年以前！那時，根本就還沒有我們這個太陽系！（按現代科學研究證明，太陽的壽命至今有五十億年，地球的形成大約有四十六億年，人類的出現不過三百萬年。）

釋迦牟尼，實有其人，而燃燈佛和彌勒佛，或是古人設想的一種超智能的宇宙人（外星人）。世俗對這位「老子輩」的燃燈佛，並不大理會，倒是一些神魔小說家有興趣，把他請進自己的作品裏「熱鬧」一番。《三寶太監西洋記》裏，就讓這位「三千古佛的班頭」、「萬萬菩薩的領袖」——燃燈古佛，化為金碧峰長老（父母是玉帝前的金童、玉女化身），幫助三寶太監鄭和，擒妖伏怪，使西洋諸國歸順了明朝，年年納貢，立了一等大功。在《封神榜》裏，燃燈古佛卻又變成了道門人物，叫燃燈道人。托塔天王的玲瓏寶塔就是他贈送的禮品。後來率領眾仙聖，幫助姜子牙破了敵人的七絕陣，出盡了威風。

大概是燃燈佛在佛國中輩份最高、法力最大（釋迦如來雖「法力無邊」，但畢竟是燃燈佛的弟子），故深受白蓮教及後來的會道門的崇信。在白蓮教編造的大量經書、寶卷中，「古佛」、「燃燈」、「真空老祖」名號比比皆是。經文、寶卷寫得十分通俗上口，極易宣傳、普及教義。試看兩小段：「天上龍華日月星，地下龍華水火風，人身龍華精氣神，三才配合天地人。初會龍華是燃燈，二會龍華釋迦尊，三會龍華彌勒祖，龍華三會願相逢。」「燃燈佛後有釋迦牟尼佛接續傳燈，釋迦牟尼佛後有彌勒佛接續傳燈，彌勒佛後有天真老祖接續傳燈，天真問誰人接續？有三宗五派九杆一十八枝領袖頭行、開言弟子，都會接續傳燈。」」（參見清・黃育楩《破邪詳辯》卷一）所謂「傳燈」，本指傳佛法，這裏實指接班，改朝換代，做個「開國之君」。白蓮教利用宗教，爭取民心，確實很有一套。

有個問題尚須說明。即還有一種通行說法，認為過去佛是迦葉佛。這個迦葉佛與釋迦牟尼的大弟子迦葉（全稱「摩訶迦葉」）不是同一人，不應相混。迦葉佛是過去七佛的第六佛（第七佛即釋迦牟尼），他也是釋迦牟尼前世之師，也曾預言釋迦牟尼將來成佛。他的塑像常騎一獅子。

三世佛

按地域劃分勢力範圍，三世佛又指東方淨琉璃世界的藥師佛，娑婆世界的釋迦牟尼佛，西方極樂世界的阿彌陀佛。這三位又稱橫三世佛。

釋迦牟尼為娑婆世界的教主。所謂「娑婆」，是梵文 Saha 的譯音，意譯是「堪忍」。堪者，可也，能也。所以「堪忍」，就是能忍。「娑婆世界」也可以叫「堪忍世界」。這是釋迦牟尼進行教化的世界，其實就是指現實世界。裏邊有兩重含意，一是說現實世界裏充滿了不堪忍受的苦難，眾生罪孽深重；二是說佛和菩薩在這個世界裏「堪忍」勞累，任勞任怨，進行教化，表現了他們的「無畏」與「慈悲」。

藥師佛是東方淨琉璃世界的教主。《藥師經》說：「東方去此過十殑伽沙等佛土有世界，名淨琉璃。佛號藥師琉璃光如來。」藥師琉璃光如來是梵文的意譯，又叫藥師琉璃光佛、藥師佛、大醫王佛、醫王善逝。《藥師經》中說他曾發十二誓願，主要的有「除一切眾生眾病，令身心安樂」之願，「轉女成男」之願，「使眾生解脫惡王劫賊等橫難」之願，「使飢渴眾生得上食」之願，「使貧乏無衣服者得妙衣」之願。總而言之，滿足眾生一切欲望，解除眾生一切痛苦。使眾生吃好穿好，沒災沒病，高高興興。不過十二誓願中，並沒有給病人抓藥看病的內容。只是有「除眾病」的願望，而且是他全部理想的一小部分（十二分之一）。所以，他被尊為藥師、醫王，也是十二願的重點所在。

藥師佛除在大雄寶殿與釋迦、彌陀合供外，也有自己專門的「藥師殿」、「藥王殿」。殿內正中為「藥師三尊」，即藥師及其兩脅侍日光菩薩、月光菩薩，兩旁還列「藥師十二神將」。這十二員大將頂盔貫甲，手執棍、劍、錘、斧等。他們也都有名有姓，但在民間影響不大，洋名字也不大好記，在此不一一列出了。

民間有把藥師佛當作消災去病的藥王來信奉的。但佛教中另有專門施藥治病的藥王、藥上二菩薩，但與藥師佛的願力不一樣。

西方極樂世界的教主是阿彌陀佛。阿彌陀佛是在民間有著廣泛影響的佛爺。阿彌陀佛的左脅侍為觀世音菩薩，右脅侍為大勢至菩薩，合稱「西方三聖」。

漢化了的藥師佛、釋迦牟尼佛和阿彌陀佛，他們的「神姿」是如此相像，以致打亂順序，一般人很難準確辨認出他們各自的名諱，總使人感覺是「一個模子刻出來的」。要區分他們，首先根據各自的位置。他們在大雄寶殿的席位是固定的：正中間是釋迦牟尼佛，左右脅侍分別是文殊、普賢二菩薩；左側為藥師佛，藥師佛的左右脅侍為日光、月光兩菩薩；右側為阿彌陀佛，左右脅侍為觀世音、大勢至兩菩薩。按照大殿的方位，釋迦牟尼佛的左側正好是東方，是藥師淨琉璃國的領地；釋迦牟尼佛的右側則是西方，那是阿彌陀佛的極樂世界。另外，三佛的手印也有所不同。藥師佛常作一手持缽，一手持藥丸狀。彌陀佛常作兩手相托或兩手交叉、兩大指對頂的「手印」，有的掌中有蓮臺。這是接引眾生的姿勢。

如來佛

民間習稱的「如來佛」，即佛教創始人釋迦牟尼。釋迦牟尼的生活年代（約公元前五六五年～四八六年）與孔子（公元前五五一年～四七九年）同時，這兩位東方聖哲都以他們博大精深的思想聞名於世，而釋迦牟尼作為佛教的創始人，他的生平事跡更充滿著浪漫傳奇色彩，歷史事實與神話傳說糾纏在了一起。現在我們拿開如來佛頭上那神祕的光環，看一下作為「人」的釋迦牟尼的本來面目。

釋迦牟尼・佛・如來・世尊

釋迦牟尼為梵文Śākyamuni的音譯，也有譯成「釋迦文」的。「釋迦」，是個部落名稱，意思是「能」。「牟尼」，也可譯作「文」，意思是「仁」、「儒」、「忍」、「寂」、「寂默」等。「釋迦牟尼」的意思就成了「能仁」、「能忍」、「能儒」、「能寂」，或者是「釋迦族的聖人」。「釋迦牟尼」是尊稱，他姓喬答摩，名悉達多。

喬答摩，舊譯瞿曇。季羨林先生對此提出了不同看法：釋迦牟尼出身於剎帝利種姓，而瞿曇是婆羅門氏族名稱，瞿曇這個姓氏是從仙人家族中借用的（《世界宗教研究》一九八二年二期

〈論釋迦牟尼〉）。悉達多是他的名字，意思是「吉財」，玄奘解釋為「一切義成」，就是「義成就者」之意。

釋迦牟尼還常常被稱為「佛」、「佛陀」，民間的俗稱叫「佛爺」。「佛」是「佛陀」的簡稱。佛陀又譯作「浮陀」、「浮屠」、「浮圖」等，意思是「覺」、「覺者」、「知者」。「覺」有三義：一自覺；二覺他（使眾生覺悟）；三覺行圓滿，這是佛教修行的最高果位。按佛教說法，只有佛（覺者）才三項俱全，菩薩缺最後一項，羅漢缺後兩項，凡夫俗子們則三項全缺。泛指一切覺行圓滿者為佛。一般佛經上的「佛說」也指釋迦牟尼。

在佛經中，還常用「世尊」代指釋迦牟尼佛。世尊，原為婆羅門教對長者的尊稱，佛教用以尊稱釋迦牟尼。佛教稱釋迦牟尼具足眾多功德，能利益世間，為世所尊，故名。《探玄記》卷九說：「以佛具三德六義，於世獨尊，故名世尊。」佛教傳說：世尊初生下，一手指天，一手指地，周行七步，顧視四方，曰：「天上天下，唯我獨尊！」（《五燈會元》卷十五〈雲門章〉）

釋迦牟尼還有個更流行的稱呼：「如來」和「如來佛」。

「如來」是梵文Tathāgata的意譯。「如」又稱「如實」，即所謂「真如」，指佛所說的「絕對真理」、事物的真相、宇宙萬有之本體。「如來」即指從如實之道而來，開示真理者。《成實論》卷一：「如來者，乘如實道來成正覺，故曰如來。」《行宗記上》稱：「真如平等，體離虛妄，故曰如實。乘履此法出現利生，故得此號。」《大日經疏》卷一則說：「如諸佛乘如實道來成正覺，今佛亦如是來，故名如來。」

「如來」又為釋迦牟尼的十大稱號之一。十大名號分別為：一、如來；二、應供（應享受

佛祖釋迦牟尼　（清）

人、天供養）；三、正遍知（正確遍知一切）；四、明行足（具有知過去之「宿命明」、知未來之「天眼明」、得大解脫之「漏盡明」）；五、善逝（善終，入涅槃）；六、世間解（了解世間一切）；七、無上士（至高無上）；八、調御丈夫（以柔軟語、苦切語使人入善道）；九、天人師（天與人之導師）；十、世尊。十名號中，以「如來」和「世尊」最常用。

狹義的「如來」專指釋迦，廣義的「如來」則指一切佛，如阿彌陀如來、藥師如來等。

密宗把釋迦牟尼稱作「毘盧遮那佛」，意譯即「大日如來」。梵文「毘盧遮那」為「日」的別名，即把釋迦牟尼佛比作永遠不落的紅太陽。

釋迦牟尼其人

傳說釋迦牟尼是古印度著名王族甘蔗王的後裔，父親淨飯王是迦毘羅衛國（今尼泊爾南部與印度毗鄰處）的國王，說是國，其實不過是座小城，這是個長二十里，寬十六里的小小城邦，遠不如我們的一個縣大。其母摩耶夫人按當時風俗回娘家分娩，路過藍毘尼園（今尼泊爾羅美德寺院處），生下了悉達多。這一偉大日子的具體時間，經書說法紛紜不一，竟有六十種之多。我國學者認為生於公元前五六五年，滅於公元前四八六年，大體與孔子同時，而比孔子早逝七年。此說也為日本、印度等國所接受。

摩耶夫人在生產後七天不幸去世，悉達多由姨媽波闍波提養育。大約十六、七歲時，他娶了表妹耶輸陀羅為妃，後生下兒子羅睺羅。

悉達多的國邦雖然不大，但他畢竟貴為太子，生活是舒適優裕的。父親對他也寄予厚望，想讓他繼承王位。但悉達多深感自己的國家夾在強國之間，朝不保夕，處境險惡。他又親眼看到社會現實的殘酷無情，人們生老病死的種種苦難，毅然拋棄舒適生活，出家修行，企圖獲得精神上的解脫之道。

出家後，他修苦行，以種種苦行折磨自己的肉體，以求解脫。但六年苦行並未得到「解脫」。於是他拋棄苦行，另闢蹊徑。他來到菩提伽耶一棵菩提樹下，結跏趺坐，進入了所謂禪定境界，經過了七天七夜（有說四十九天）的冥思苦想，最後終於豁然開朗，覺悟成道，悟出了宇宙、人生的真實本質，獲得了解脫。此時他三十五歲。

過去的悉達多太子已不復存在，釋迦族的聖人——釋迦牟尼誕生了！此後，他開始了長達四十五年之久的傳教活動。佛陀在波羅奈斯城外的鹿野苑，向阿若憍陳如等五人第一次宣講佛法，五人佩服得五體投地，皈依了佛教，成為佛最初的弟子。這次說教，即所謂「初轉法輪」。此後他又度化了耶舍、迦葉三兄弟，以及舍利弗、目犍連，在故鄉他的不少親屬如堂弟阿那律、提婆達多、阿難陀，以及兒子羅睺羅都皈依了佛教。

釋迦牟尼傳教的對象，包括當時社會各種姓和各階層，很多王族和富豪給予很大的政治和經濟上的支持。釋迦在鹿野苑初轉法輪，有了第一批的五個弟子，這是佛教組織──僧伽（僧團）之始。以後僧團不斷擴大，最初只收男弟子（比丘，我國俗稱和尚），後來其姨媽波闍波提入教，才接納女弟子（比丘尼，我國俗稱尼姑）。

起初，僧尼雲遊四方，無固定住處。後為了適應雨季安居和集會，建立了寺院，以後又制定了僧眾共同遵守的戒律。

釋迦牟尼八十高齡時，在遊化時碰上雨季，罹患了重病。行至拘尸那迦城（今印度聯合邦迦夏城）外河邊一片茂密的娑羅林中，在兩棵娑羅樹中間頭朝北方，右脇而臥。月光透過樹葉照在他的臉上，安詳，高尚，聖潔。臨終前，他告誡弟子們要依法精進修行。半夜，佛陀呼出了最後一口氣，一顆偉大的心臟停止了跳動。佛陀達到了徹底的解脫，至上的涅槃！

釋迦入滅後，遺體火化，佛舍利（遺骨）分給了各國使者，被視為聖物，並建塔供奉。

釋迦成佛（即成為智者）的過程大體如是，毫不神祕。釋迦牟尼生前也反對祭祀，不拜偶像（後來的佛教徒卻背道而馳），重視自我修養和自我完善。然而，由於宗教的需要，釋迦牟尼佛卻不斷地被神化、偶像化，他的生平被披上神異的色彩，這就是所謂的「八相成道」。

八相成道和佛本生故事

八相成道又叫「八相示現」，簡稱「八相」，是佛教講述釋迦牟尼一生的八個階段，這已不是歷史人物釋迦牟尼，而是佛教教主如來佛了。八相成道內容如下：

一、下天。佛陀乘白象由兜率天降下人間。

二、入胎。乘白象由摩耶夫人右脇入胎。

三、住胎。佛陀在母胎中行住坐臥一如天上，並在一日六時為諸天說法。小乘八相中無此相。

四、出胎。四月初八於藍毘尼園自摩耶夫人右脇降生。出生後即能走路，東西南北各走七步，步步生蓮花。還能說話——一手指天，一手指地，道：「天上天下，唯我獨尊！」並且龍噴香雨洗浴佛身。此日為佛誕日，又叫「浴佛節」，屆時佛寺舉行法會，並以各種名香浸水灌洗佛像和供養花卉。我國傣族和東南亞各國的潑水節即由「浴佛」發展而來。

五、出家。十九歲離王宮出家修道。漢地佛教定二月初八為佛出家日。

（五、降魔。這是小乘八相之第五相，而大乘八相無此相。佛成道前降伏魔的誘惑擾亂。）

六、成道。經六年苦行後，於菩提樹下得道成佛。漢地佛教定為十二月初八，即「臘八」。這一天寺廟以「佛粥」供佛，在我國傳入民間後形成喝「臘八粥」的習俗。

七、轉法輪。成道後說法，普度眾生。

八、入滅。八十歲時於娑羅雙樹下涅槃。漢地佛教以二月十五為涅槃日。

除「八相」外，還有一類很具影響的「佛本生故事」，也可以叫做《佛本生經》。這是由「降生」一詞變化而成「本生」，是說釋迦牟尼佛祖前生的事。其實，大多是佛教徒利用古代印度流傳於民間的寓言、童話，改編而成的。佛教徒編演的佛本生故事，數量很大，僅巴利文《佛本生故事》即收有五百多個故事，而且並不完備。在漢譯大藏經裏有不少經的內容，就有佛本生故事，如《撰集百緣經》、《賢愚經》、《雜寶藏經》、《涅槃經》、《頂生王經》等。在這些經中，把釋迦牟尼的前世說成是國王、王子、瓦匠、儒童、雁王、獅子、大力毒龍、獨角仙人、螺髻仙人、雪山大士、樂法菩薩等。總之，是在宣揚世法平等，眾生皆可成佛的種種道理。

佛教教義及其影響

佛教典籍極其浩瀚，終其一生，也無法遍覽。不過儘管經書繁多，但其所宣揚的教理教義還算集中，主要是四諦、八正道、十二因緣、無常、苦、空、無我、輪迴、因果報應等內容。這些教義是否完全是釋迦牟尼的思想和口授已無法考證，其中或有其弟子的發揮和總結。

這些教義展現了對人生的探討和對理想境界的追求。歸根結柢兩個字：「空」與「苦」。認為世界是四大皆空，人生則是苦海無邊。下面作一簡要說明。

四諦：諦，真理之意。四種真理是苦、集、滅、道，是為四諦。苦諦是講人生之苦，共有八苦。生、老、病、死四苦是肉體上的，怨憎會苦（不得不與討厭的人和事湊在一起）、愛別離苦（不得不與喜歡的人和事分開之苦）、求不得苦（自己的追求得不到滿足之苦），是講精神上的痛苦，最後歸結為五陰熾盛苦，即人生自身就是諸苦的集合體。八苦確是客觀存在，世上任何一個人，都會經歷其中幾苦乃至全部八苦。

人們為何會以諸苦伴隨自己一生？集諦做了回答。它解釋造成諸苦的原因，即「集」起生死苦惱的原因是「業」和「惑」。所謂「業」，是指由欲望而引起的行為；「惑」，則是指愚昧無知。怎麼辦？可以消除「業」和「惑」，這就是滅諦——「滅」的真理。進行修行，斷絕一切「業」與「惑」，就能達到「解脫」和「涅槃」——佛教的最高理想境界。

如何才能達到「解脫」？道諦告訴人們方法和途徑，共有八條路可走，即所謂「八正道」。

釋迦佛降生圖　（清）

八正道是正見、正思維、正語、正業、正命、正精進、正念、正定，就是非佛勿視，非佛勿聽，非佛勿言，非佛勿動。佛教認為按此修行，即可超凡入聖，從迷界此岸達到悟界彼岸，得到「解脫」。

「十二因緣說」則是講生死根源，著重講因果。它把人生劃分為彼此互為因果（或條件）的十二個環節：

一、無明：對佛理無知，由此而產生種種世俗的思想行為。

二、行：引起向相應處所投生。

三、識：托胎時的心識。

四、名色：胎兒的精神（名）和形體（色）在母體中得到發育。

五、六入：胎兒由身心混沌狀態有了眼、耳、鼻、舌、身、意（心）六種感官。

六、觸：出生後觸到外界事物。相當幼兒階段。

七、受：因而產生苦、樂、不苦不樂三種感受。相當童年階段。

八、愛：進一步產生貪愛。相當青年階段。

九、取：追求索取享樂的東西。相當成年階段。

十、有：指「業」，即思想行為。由貪愛執取等思想行為，必招致後世果報。

十一、生：來世之生。

十二、老死：由生而至老死。

此十二因緣每兩個為一對因果關係，並包含了過去、現在、未來三世。

十二因緣同「因果報應」、「生死輪迴」、「三世說」結合起來，用以解釋社會中的不平等，人間的不公道。認為包括人在內的一切生物，未獲「解脫」前，均在「三世」、「六道」（天、人、阿修羅〔魔鬼〕、畜生、地獄、餓鬼）中生死流轉，永無盡期。現世人們的貧富窮達，都是前生善惡所為的結果；今生的善惡行為，也必然導致來生的罪福報應。為了修來世，將來能有好「托生」，今生就要行善修行，以免墮入畜生、地獄、餓鬼三惡道。

總的來看，佛教對人生的看法，認為是「苦」貫穿著一生，佛教有著非常理性的敘述，如人們貪愛的本性總是得不到滿足的，但人們卻總要無限地去追求，這就必然產生種種痛苦，所謂「求不得苦」。造成痛苦的原因就是無知（無明）。這對於世上一些不切實際而拚命追逐名利聲色者，是切中要害的批評。在花花綠綠的現實社會中，淡泊物質生活，強調自我人格和精神修養，直至今天也非常的適用。佛教清心寡欲以及戒偷盜、戒邪淫、戒妄語等，對社會的安定和睦是有積極意義的。雖然佛教並不是改造社會、消滅一切不公平、拯救人類脫離苦海的靈丹妙藥，但對許多個人來說，卻不失是一種取得心理平衡、求得暫時解脫的精神寄託。

佛教對中國社會的影響極其深遠。佛教影響了中國傳統的倫理道德、中國哲學，乃至文學、藝術和民間習俗與信仰，對社會生活的影響尤為明顯。「善有善報，惡有惡報，不是不報，時候未到」，這些因果、報應的思想至今仍是所有佛教徒的堅定信念。

佛教從它產生至今已有二千五百餘年，有幾億信徒，成為世界三大宗教之一，顯示出頑強的生命力，這決不是用一句「迷信」或「鴉片」就能解決的問題，其中有很多問題值得我們去探討。

談談法門寺的指骨舍利

陝西省扶風縣法門寺，素有「關中塔廟始祖」之稱。此廟古稱阿育王寺，寺中佛塔稱阿育王塔，以塔中藏有釋迦牟尼的佛指舍利而著稱於世。

阿育王，是古印度摩揭陀國孔雀王朝的第三代國王，他用武力統一了整個印度半島。在戰爭中，阿育王殺了十萬人，建立了古印度歷史上最強盛的王朝。戰後，阿育王即篤信佛教，排斥戰爭。據說他廣造佛舍利塔，供養佛祖。《阿育王傳》說他曾得八升舍利，造了八四〇〇〇寶匣，並建八四〇〇〇寶塔供養。有人說扶風縣的法門寺塔，就是其中之一。

所謂舍利，是梵文的音譯，意思是「身骨」、「遺骨」。通常指釋迦牟尼的遺骨。舍利分為「全身舍利」和「碎身舍利」兩種，這與古印度的土葬和火葬兩種風俗有關，埋葬遺體的稱為全身舍利，火葬之後的遺骨稱為碎身舍利。

《法苑珠林》說舍利有三種：一為骨舍利，其色白；一為髮（頭髮）舍利，其色黑；一為肉舍利，其色赤。中國所傳舍利多為球狀，非常堅硬，槌打不破。

法門寺所藏的釋迦牟尼的指骨，是世界僅存的一件指骨舍利。

法門寺並非建於公元前三世紀的印度阿育王時代，而是建於七百多年後的北魏年間。法門寺所藏佛指骨舍利是無比尊貴的佛教聖物，法門寺塔也被尊為「大聖真身寶塔」，受到上自帝王下到世俗的狂熱崇拜。唐代一朝就有七個皇帝舉行了七次規模盛大的迎奉佛骨活動。因為傳說法門寺塔佛指骨三十年一開，開則歲豐人安。於是皇上派人迎佛骨到長安，在宮內供奉三日。法門寺至京城有三百里，道路車馬，晝夜不絕。佛骨到了京城時，前導是禁衛軍儀仗，鼓樂齊鳴，沸天燭地，綿亙數十里。一路上誦佛聲不絕於耳，成千上萬百姓頂禮膜拜，還有不少人肘行膝步，噬指截髮，甚至斷臂「煉頂」（在頭頂上點燃艾草），來表示對佛祖的虔誠。大臣韓愈因勸說唐憲宗不要迎奉佛骨，差點掉了腦袋。

不過，法門寺在唐代也遭過厄運，唐武宗李炎極力打擊佛教，在會昌五年（公元八四五年）採取了大規模滅佛舉動，史稱「會昌法難」。唐武宗曾下令毀掉佛指骨舍利，但在此之前，寺僧們早就準備了幾件佛指骨舍利的影骨（即仿製品），所以寺僧們只是毀碎了佛指骨舍利的影骨，用以上塞君命，交差了事。如來佛的真身指骨被祕藏了起來。

五代以後，法門寺和寺塔有了幾次重修，一九八一年寺內十三級十四丈高的磚塔倒塌。一九八七年發掘身寶塔地宮時，有震驚世界的重大發現。地宮中共藏有佛指骨舍利四枚，其中一真

釋迦牟尼涅槃圖　（清）

三假（即三枚「影骨」），外形相似，只是佛真身指骨更有骨質感。世界唯一的一枚佛指骨舍利的發現，轟動了我國考古學界和宗教界，被譽為「國之重寶」。

如今聞名遐邇的法門寺已修葺一新，並重塑了彌勒、文殊、普賢和十八羅漢，共用去了十萬張金箔。如今殿內香煙繚繞，金光迸發，一派「佛地莊嚴」氣氛。

過去七佛

遼寧省義縣城內東街有座聞名於世的奉國寺。廟中的大雄寶殿名氣最大，建於九百多年前的遼代開泰年間。殿闊九間，進深五間，高六丈，是中國現存最大的兩座殿堂之一（另一座是大同華嚴寺大雄寶殿）。

殿內佛壇上有七尊彩塑坐式大佛，高達三丈。每尊大佛前，各有並立的兩個脅侍，東西兩頭還各有一尊天王像。這些彩塑為遼代作品（經後世重妝），難能傳世。七尊大佛由東至西依次為：迦葉佛、拘樓孫佛、尸棄佛、毘婆尸佛、毘舍婆佛、拘那含佛、釋迦牟尼佛。這就是佛教的「過去七佛」。

大乘佛教認為，在無限的空間和時間裏，每一世界（與我們今天所說「世界」的概念不同）、每一階段都有佛教度化眾生，所以十方三世有無數的佛，最著名的如過去佛燃燈佛、現在佛釋迦牟尼佛、未來佛彌勒佛、東方淨

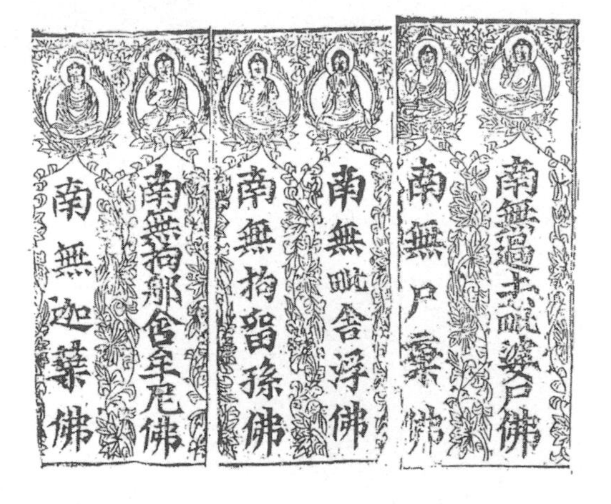

過去七佛（明·《慈悲道場懺法》扉畫、插圖）

琉璃世界的藥師佛、西方極樂世界的阿彌陀佛等。小乘佛教則把釋迦牟尼看成是一個覺悟者、佛教創始人，所以在空間上只談此世界現階段的釋迦牟尼佛，在時間上則只談釋迦牟尼佛及其之前的六位祖師，即所謂「過去七佛」。七佛的形象在我國早期石窟中比較常見。

前面談到的奉國寺中七佛的順序，是以成佛的先後順序排列，以毘婆尸佛為最尊，所以在正中間。他們在時間上的先後排列順序應該是：一、毘婆尸佛，二、尸棄佛，三、毘舍婆佛，四、拘樓孫佛，五、拘那含佛，六、迦葉佛，七、釋迦牟尼佛。佛教認為過去共有七佛，釋迦牟尼是最後一位，在他之前還有先出世的六佛，其中前三佛是在過去劫中出世的，後四佛是在現在劫中出世的。

毘婆尸佛是過去七佛的第一佛，「毘婆尸」是梵文的音譯，意思是「勝觀」、「種種觀」。佛書上說他是在九十一大劫之前成佛的。一大劫大約有一百二十八億年，九十一大劫是一個嚇人的天文數字。尸棄佛是過去七佛的第二佛，「尸棄」是梵文譯音，意思是「最上」，他是在過去第三十一劫時即三千九百六十八億年前出世的。毘舍婆佛是過去七佛的第三佛，「毘舍婆」的意思是「一切有」，是在過去第三十一劫尸棄之後出世的。過去第四佛是拘樓孫佛，意思是「成就美妙」，是現在賢劫人壽四萬歲時出世。拘那含佛又作拘那含牟尼，俱那含等。乃過去七佛中之第五佛，賢劫千佛之第二佛。意譯金色仙、金儒、金寂。過去第六佛迦葉佛，意思是「飲光」，在現在賢劫出世，舉行過一次說法集會。傳說是釋迦牟尼的前世之師，曾預言釋迦將來必定成佛。他的塑像常騎一頭獅子。這位迦葉與釋迦牟尼佛的脅侍迦葉（全稱「摩訶迦葉」，又叫「大迦葉」）並非同一個人。

佛教把七佛說成是歷代祖師，但除釋迦牟尼外，都是佛教的傳說人物。有些寺廟另建有七佛殿供奉過去七佛，如山西交城縣玄中寺的七佛殿即是。

福建泉州的開元寺是著名佛寺。始建於唐代武則天時，距今已一三〇〇多年。寺內殿閣壇塔，佈局嚴整，宏敞壯觀。大雄寶殿為重檐歇山式，通高六丈，面寬九間，進深六間，因間架植立石柱百根（實為九四根），又叫「百柱殿」。斗拱雕飾飛天樂伎二十四尊，凌空飛舞，姿態飄逸，是佛寺建築中少有的佳作。大殿佛壇正面供奉著丈八金身的五方佛。五方是指東、西、南、北、中五方，五方佛又叫「五智如來」、「五方五智」。五方佛的安排是：

東方	南方	中央	西方	北方
阿閦佛	寶生佛	毘盧遮那佛	阿彌陀佛	不空成就佛
（表覺性）	（表福德）	（大日如來）	（表智慧）	（表事業）

五方佛屬於佛教密宗系統。

據不空所譯《菩提心論》稱，大日如來（毘盧遮那佛）具有五智——五種智慧，為教化眾生，化為五方五佛。

35 五方佛

五方佛（明）

中央是毘盧遮那佛，「毘盧遮那」是梵文Vairocana的音譯，意為「光明遍照」、「遍一切處」、「大太陽」，所以密宗又稱「大日如來」。大日如來代表法界體性智（亦作「清淨法界智」），這種智慧境界最高，可以理智具足，覺道圓滿，達到佛、我一致。中國的天台宗以毘盧遮那佛作為法身佛，釋迦牟尼作為應身佛，法身是說「顯法成身」（參見〈三身佛〉一節），實際毘盧遮那是釋迦牟尼的另一種佛身。佛教密宗認為教法來自毘盧遮那佛即大日如來，為密宗第一祖，因而極其崇拜大日如來。在佛教寺廟中，顯宗神殿均以釋迦牟尼為中心加以崇拜，而密宗神殿則以大日如來為中心加以崇拜。

東方是阿閦佛。「阿閦」為梵文Akṣobhya音譯「阿閦鞞」之略，意為「不動」、「無瞋怒」。（「閦」，音處）阿閦佛代大圓鏡智（亦名「金剛智」），此智能顯現世界萬象如大圓鏡，可覺悟人的本性，即獲得菩提（最高智慧）心。《阿閦佛國經》稱，他住在東方妙喜世界，如有人勤修佛法，發願生此世界者，死後可以轉生此地。密宗認為阿閦佛是金剛界五智如來中住於東方者。他的塑像常為坐形，左手握拳，右手持梵函，全身金黃色。

南方寶生佛又叫寶相佛、寶生如來，住在南方歡喜世界。寶生佛代表平等性智（亦名「灌頂智」），此智視世界萬法平等無差別，主修行菩提心之德。密宗又稱他為「平等金剛」，稱其管理一切財寶。全身金色，左手為拳，右手無名指和小指彎曲，其餘三指如劍立。

西方阿彌陀佛，又叫無量壽佛，住在西方極樂（亦稱「安樂」）世界。阿彌陀佛代表妙觀察智（又叫「蓮華智」、「轉法輪智」），此智可妙觀萬法，明知善惡，主成菩提之德。

北方不空成就佛，又叫微妙聞佛，住在北方蓮華世界。密宗稱其為「成就金剛」。不空成就佛代表成所作智（亦名「羯磨智」），由此智可以成就自利利他事業，主入涅槃之德。

五佛中以大日如來為最高尊神，其餘四佛各為一方部主。

佛門中有一種「五佛冠」，也叫「五智冠」，即來自五方佛。冠中有五化佛，表示五智圓滿。密教中大日如來、金剛薩埵（即普賢菩薩）、虛空藏菩薩等造像，頭上皆戴有五佛冠。

供奉五方佛的多為古寺大剎，泉州開雲寺、大同華嚴寺和善化寺、五台山佛光寺，以及青海塔爾寺等都是著名者。五方佛除供奉在寺廟主殿大雄殿以外，有的寺廟另設「毘盧殿（閣）」或「千佛殿（閣）」來專門供奉五方佛。例如北京古剎法源寺的毘盧殿中，供奉著一座巨大佛像，通體銅製，高齊屋頂，共有三層：下層為千葉蓮瓣巨座，每一蓮瓣上鏤刻一佛像，這叫做「千佛繞毘盧」，表示諸化身佛都圍繞於佛的法身。中層為四方佛，分別面向東、南、西、北。最上層即佛的法身毘盧遮那佛。整座銅像安置在石製須彌座上，四面鏤有力士龍雲之像，古樸莊嚴，宛若天成。

彌勒佛

在佛國眾多的佛爺中，最受人們喜愛的恐怕要屬「笑佛」——彌勒佛和「癲僧」——濟公了。但論「層級」，彌勒佛遠比濟公高得多，而且無廟不有，故其所受供品、香火，要比濟公多得多。

彌勒佛的樣子確實逗人歡喜。一進天王殿，只見臺座上一位胖大和尚，袒胸露腹，箕踞而坐，大肚子滾圓凸出，極為醒目。手掐串珠，喜眉樂目，笑口常開，人們好像聽到了他那呵呵的笑聲。北京著名廟宇潭柘寺中，彌勒殿有一副對聯題得好：

大肚能容，容天下難容之事；
開口便笑，笑世間可笑之人。

生動有趣，極富哲理，是寺廟楹聯中的上乘之作。這位世俗極熟悉的「大肚彌勒」，歷史上實有其人，而且是中國人。他就是布袋和尚契此。

中國的笑和尚——布袋和尚契此

唐末五代的後梁時期，浙江奉化出了個怪和尚，叫契此。契此又號「長汀子」，長得矮胖，肚子奇大，常用竹杖挑著個大布袋在鬧市中出現，面帶笑容，四處化緣。他言語無常，四處坐臥。「天將雨，即著濕布鞋。亢旱，即曳木屐。居民以此為驗」。看來，他是個天氣預報專家。因其總背著一個布袋，所以一般人稱呼他為「布袋和尚」。布袋和尚與人言禍福，頗為「應驗」。他還常把布袋中化緣來的物品倒在地上，對圍觀的人們叫道：「看！看！」他曾作歌曰：「只個心心心是佛，十方世界最靈物，縱橫妙用可憐生，一切不如心真實……萬法何殊心何異，何勞更用尋經義。」（《宋高僧傳》卷二十一）

契此的瘋癲行為引起了人們的極大興趣，因而名噪一時。他的圓寂（死）也很奇特。這一天，他來到奉化岳林寺東廊，在一塊盤石上端坐而說偈曰：

彌勒真彌勒，化身千百億；
時時示時人，時人自不識。

偈畢，安然而逝。人們細想之後，這才恍然大悟，原來這位胖大和尚就是彌勒佛的化身。人們把他的肉身安葬於岳林寺西二里，並起名為「彌勒庵」。

布袋和尚　（清）

此後，遂按他的模樣塑成「彌勒菩薩」，放在天王殿正中，供人膜拜。但是，布袋和尚契此像與彌勒佛像是有區別的。但他千餘年來取代了佛經裏的彌勒菩薩，而名揚四海，家喻戶曉。

這位彌勒佛，按照佛教的說法，是釋迦牟尼（如來）佛的「既定接班人」，地位顯赫，與布袋和尚契此完全是兩回事。

佛教中的未來佛

彌勒，是梵文Maitreya的音譯，意思是「慈氏」。這是佛教的菩薩名，跟佛還差著一等。據《彌勒上生經》和《彌勒下生經》說，他出生在古印度南天竺劫波利大婆羅門家庭，屬第一等貴族，十分高貴。又說慈氏是他的姓，名叫「阿逸多」，意思是無能勝。窺基在《阿彌陀經疏》中解釋說：「或言彌勒，此言慈氏。由彼多修慈心，多入慈定，故言慈氏。修慈最勝，名無能勝。」他後來成了釋迦牟尼的弟子，侍立一旁聽法。釋迦牟尼受記（預言），彌勒將繼承自己的佛位為未來佛，即法定接班人。

彌勒修煉成道，先於釋迦牟尼入滅（離開人世），上生到兜率天，享受種種妙樂之事。所謂兜率天，是佛經的說法。佛教的「三界」說，認為一切「有情眾生」，都在欲界、色界、無色界三界內「生死輪迴」。只有達到「涅槃」境界而成佛，才能超脫三界，升入不生不滅的西方極樂世界。西方極樂世界是佛國世界，而「三界」則是世俗世界。

欲界是三界中最低的一界，由低到高包括地獄、鬼、畜生、阿修羅（它是一種非神、非鬼、非人，介於神、鬼、人之間的怪物。）、人、天等「六道」。其中，「天」不是指一般理解的天空，而是指高於人類的上界的生類所生活的環境。「天」有「六欲天」。一是四天王天，在須彌山——世界中心的一座大山的腰際，四大天王（俗謂四大金剛）居於此。（詳見四大天王一節）二是忉利天，在須彌山之巔。居中央為帝釋天，四方四峰各有八天，即四八三十二天，再加上中央帝釋天，為三十三天。此天主人為帝釋。（詳見二十諸天一節）三是夜摩天，在忉利天上八萬由旬處，此天無有黑夜，永遠光明燦爛。四是兜率天，在夜摩天之上十六萬由旬處。五是樂變化天，在兜率天之上三十二萬由旬處。六是他化自在天，在樂變化天之上六十四萬由旬處。

彌勒淨土——兜率天

兜率天對於人們來說，並不陌生。在《西遊記》裏，兜率天宮是太上老君居住和煉丹的地方，但在佛經裏，兜率天卻是彌勒的樂園。兜率天，是梵文 Tusita 的音譯，意譯為「妙足」、「知足」。有的佛經說它在夜摩天上三億二萬由旬。這裏的一晝夜，相當於人間四百年。正如我國古人所云「王子去求仙，丹成入九天，洞中方七日，世上幾千年」。佛經稱，此天居者徹體光明，能照耀世界。還說，此天有內外兩院，外院是諸神的公園、遊樂場，內院則是彌勒寄居於欲界的「淨土」。這裏按經書上的叫法，是「補處菩薩住處。」何謂「補處」？《觀音玄義》云：「補處者，佛前既滅，而此菩薩既補其處，故云補處。」用現在的話講，就是「候補佛休養院」。釋迦牟尼的生母摩耶夫人死後即往生於此。彌勒菩薩既然是釋迦牟尼佛的法定接班人，為作好準備，當然要住在這「候補佛休養院」了。

彌勒這位候補佛要在兜率天等多少個年頭，才能下生人間，廣傳佛法呢？佛經上倒給了個準信兒——五十六億七千萬年！要論說大話的膽量，怕沒有人敢和撰經的佛教徒相比。據現代科學考證，人類的產生不過三百萬年，釋迦牟尼八十歲逝世時（約公元前四八六年），距今才二千多年。硬說他預言五十六億年以後的事，實不可思議。據天文科學研究，地球的壽命也還只有五十億年，屆時將被無限膨脹的太陽這個巨大火球所吞沒。到那時，別說彌勒降世普度眾生，就是地球以及他所住的「淨土」兜率天怕也無影無蹤了。所以，「豎窮三際，橫遍十方。」是不可以凡情計度的。

作為三世佛之一——未來佛的彌勒，正統的塑像是印度式的。這種彌勒十分莊嚴肅穆，眼觀鼻，鼻觀心，超脫凡塵，摒棄七情六欲，凝神入定，一副悲天憫人的神情。這種塑像常見於大雄寶殿（詳見三世佛）。另有一種是菩薩裝，戴天冠（與《西遊記》中唐僧所戴相似），單獨在天王殿、彌勒閣中供奉。著名者如北京廣濟寺、蘇州靈岩寺、河北正定隆興寺等。西藏日喀則的扎什倫布寺西側的大強巴殿內，有一尊坐式大銅佛——彌勒佛，藏語叫「強巴佛」。佛高二十二點四公尺，蓮花座三點八公尺，總高二十六點二公尺。大耳有一個半成人高，佛手就有一丈長。佛像眉宇間鑲嵌大小鑽石、珍珠、琥珀、松耳一千四百多顆，共用黃金五十五斤，紫銅二十三萬斤，由一百一十名工匠用四年時間鑄成。這座巨大的彌勒銅像，堪稱「世界之最」。

彌勒影響種種

關於「兜率淨土」，有人描繪出了一幅美妙的圖畫：上面有五百億寶宮（注意，若按當時世界人口計算，每人可得一百座寶宮，即按今天人口平均，每人也能分上十座寶宮！）還有五百億諸天寶女，「執百億寶無數瓔珞，出妙音樂」。諸女執眾樂器，競起歌舞。

總之是妙不可言。彌勒「成佛」時的「佛國淨土」更是美妙：這裏穀食豐賤，人民熾盛，多諸珍寶，如金銀瑪瑙、珍珠琥珀，各散在地，無人撿拾，視若瓦石。這裏土地極其平整，如鏡清明，又以香汁灑地，極為香淨。時氣合適，四時順節。更奇的是，「地內自然生粳米，亦無皮裹，極為香美」。更妙的是，「彼時男女之類，意欲大小便時，地自然開，事訖之後，地復還合」。（《佛說觀彌勒菩薩下生經》）連廁所也用不著了。這，不能不令人佩服釋迦弟子超人的想像力！這也令人不禁大發奇想：遙遠的「宇宙人」（外星人）的生活是否就是如此？

若能往生「兜率淨土」，著實「天福」不淺，所以確使不少人對此著了迷。在中國佛教史上佔有崇高地位的東晉高僧道安便發誓往生兜率淨土。傳說，道安死前，夢有長眉尊者賓頭盧（十八羅漢之一），道安問去何方，尊者以手虛撥西北天空，彩雲忽開，現出兜率妙境，尊者是來接引他的。中國佛教史上的一代偉人唐僧玄奘也嚮往兜率淨土，他臨死時，即不斷默念彌勒，求得往進「兜率內院」。香山居士白居易到了晚年，也成了個彌勒迷，日日焚香佛前，稽首發願：「願當來世，與一切眾生同彌勒上生，隨慈氏下降，生生劫劫，與慈氏俱，永離生死流，終成無上道。」（〈畫彌勒上生幀記〉）

不過一般百姓對「兜率內院」那一套，並不清楚，倒願「現實」一點，總覺得中國式的大肚彌勒佛，要比一本正經的洋彌勒更親切，更可愛。於是造出了一些「靈應」，比如誰要摸一下他的大肚皮，就能消除疾病，保佑平安。而且後來又出現了一種「五子戲彌勒」的塑像，彌勒身上有幾個大胖小子，爬上爬下的與他嬉戲。這也就是所謂的「送子彌勒」。往生兜率淨土，畢竟是下輩子（來世）的事，不如消災得福，能生幾個兒子來得實惠！

特別需要指出的是，彌勒的影響所及，牽涉了多次農民起義和後來的會道門。因佛教宣稱彌勒最終要繼承釋迦牟尼的佛位，取而代之，一尊佛主宰一個世界，那麼彌勒就成了改朝換代之佛，彌勒下世也就成了人間改朝換代的象徵。所以，歷史上農民造反常有托言彌勒下生者。「彌勒出世」，成了救苦救難的福音；「彌勒下世」，成了被壓迫者渴望解脫苦難的救星。隋朝就發生了多次，據《隋書》卷二十二載，河北宋子賢、陝西向海明皆「自稱彌勒佛出世，潛謀逆亂」。唐朝開元間有這樣的流言：

釋迦牟尼末，更有新佛出（指彌勒下生）。李家欲末，劉家欲興。——（《冊府元龜》卷九二二）

鬧得唐玄宗親自下了〈禁斷妖訛等敕〉，嚴加追捕、殺戮。宋代的河北王則造反，他也宣傳：「釋迦牟尼佛衰謝，彌勒佛當持世。」（《宋朝事實》卷十六）

到了元代，更加厲害。元末，趙丑斯、郭菩薩倡言「彌勒當有天下」，韓山童宣稱「天下大亂，彌勒佛下生」，彭和尚作偈頌勸人念彌勒佛，這些農民起義，最終把元王朝推翻了。一直到太平天國時期，貴州號軍起義，白蓮教一枝燈花教還在宣傳彌勒降世的新王來掌乾坤。在中國，所有被利用的民間宗教，先後活動時間最長的要屬彌勒教了。近代一些會道門，如天地會（洪門）、青紅幫、一貫道、先天道等，也崇奉彌勒佛。

但中國民間崇拜的彌勒佛，多為中國式的布袋和尚。歷史上也有人利用布袋和尚，借題發揮，諷刺統治者。明初，朱元璋大殺功臣，殘酷鎮壓反對派，製造了不少冤案。他還常愛微服私訪。有一次他出去私訪，走到一座破廟裏，裏邊沒有一個人，只見牆上畫著一個布袋和尚，旁邊寫著一首詩：

大千世界浩茫茫，收拾都將一袋藏；
畢竟有收還有放，放寬些子又何妨！

墨跡還是新鮮的。朱元璋馬上派人去抓作畫題詩的人，但早沒影了。（《翦勝野聞》）從元以來，布袋和尚的形象還出現在戲劇舞臺上。如元・鄭廷玉所作雜劇《布袋和尚忍字記》、清代戲劇《觀音菩薩魚籃記》等。《布袋和尚忍字記》的劇情很有意思：

說是汴梁有個劉均佐，有錢但慳吝入骨。一天在雪中救了個洛陽人劉均佑，一時高興，就收他為弟兄。劉均佐過生日，彌勒奉佛之命，化為布袋和尚來度化他。在他手掌上寫了個「忍」字，從此再也洗不掉。這時有個叫花子劉九兒，硬來討錢，劉均佐一怒誤傷人命。布袋和尚責備他不能「忍」，救活了劉九兒，勸劉均佐出家，但他只答應在家修行——丟不下老婆兒女。

劉均佐聽說老婆與兄弟劉均佑私通，拿刀去捉姦，但沒見到劉均佑，倒看見了布袋和尚。此時刀柄上出現「忍」字，和尚責他不能「忍」，逼著他拋棄妻小，隨自己修行。劉均佐在山中修行，時時想起家財和妻小，又夢見布袋和尚與自己老婆同行，他決計下山回家。

劉均佐回家，方知寺中住了三月，世間已過餘年。家財和妻小都沒有了，後悔不該下山。正欲自殺，布袋和尚出現，說他是羅漢轉世，老婆兒女分別是驪山老母、金童、玉女所轉世，布袋和尚是彌勒尊者來度化他。於是劉均佐復為羅漢。「忍」是佛教極力宣揚的一種美德。所謂「忍不可忍者，萬福之原。」（《六度集經》）這種戲就是在宣傳這種思想。《魚籃記》則是演了布袋和尚（還有觀音）救眾生的故事。

在《西遊記》中，彌勒佛也是布袋和尚的模樣：「大耳橫額方面相，肩查腹滿身軀胖。一腔春意喜盈盈，兩眼秋波光蕩蕩。……極樂場中第一尊，南無彌勒笑和尚。」他那件布口袋，是件法寶，叫「後天袋子」，俗名叫「人種袋」。後被手下的黃眉童子偷去了人種袋，法力無邊。只要往天上一拋，嘩的一聲響亮，不管是什麼人，有多少人，全部都裝在袋子裏，弄得孫悟空和諸天將束手無策。最後還是孫悟空與彌勒佛合作，變了個西瓜鑽到黃眉怪的肚裏，才將他降伏。彌勒佛專管「裝人」的「人種袋」，被形象化了，所以後來出現了「送子彌勒」，也毫不奇怪了。

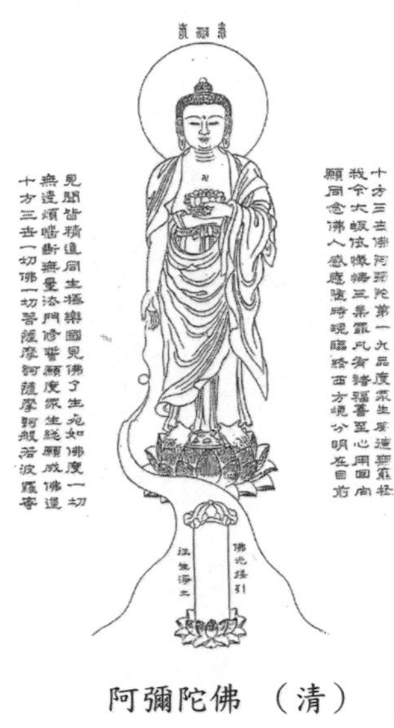

阿彌陀佛（清）

星移斗換，時過境遷。現在，各式各樣的大肚彌勒工藝品走進了千家萬戶，但大多作為擺設，已失去了宗教的味道。在人們眼中，他已不是一尊高貴的神，倒像個胸懷寬廣、樂觀豁達的朋友。恐怕這正是釋迦牟尼佛的入世本懷吧！

三身佛

以兩千餘尊明代精美彩塑而聞名於世的山西平遙縣雙林寺，大雄寶殿中供奉著一組三身佛。他們分別是毘盧遮那佛、盧舍那佛和釋迦牟尼佛。

三身，即三種佛身。按照中國佛教天台宗的說法，毘盧遮那佛是法身佛。「毘盧遮那」的意思是「遍一切處」，就是他的光明普照萬方，所以密宗把毘盧遮那佛譯成「大日如來」。《大乘義章》說：「顯法成身，名為法身。」其中頗有些絕對真理的味道。

盧舍那佛是報身佛。「盧舍那」的意思是「光明遍照」，與毘盧遮那相似，又譯作「淨滿」。報身佛是表示證得了絕對真理獲得佛果而顯示了佛的智慧的佛身。釋迦牟尼是應身佛，是表示隨緣教化，超度世間芸芸眾生而現的佛身，特指釋迦牟尼的生身。

以大乘佛教的信仰，三身佛是表示釋迦牟尼的三種不同的身。佛殿中的三身佛設置如下：

中尊是法身佛：毘盧遮那佛。

左尊是報身佛：盧舍那佛。

右尊是應身佛：釋迦牟尼佛。

法身佛毘盧遮那佛和報身佛盧舍那佛也有單獨供奉的。山西大同善化寺三聖殿內，主尊即毘盧遮那佛，左為司智慧的文殊菩薩，右為司理德的普賢菩薩，此三尊俗稱「華嚴三聖」。神像為木胎貼金罩漆，妙相莊嚴，雕造精美，為明代佛像中的上乘之作。四川大足石刻中的華嚴三聖巨像，腳踏窟基，頭齊岩沿，身向前傾，高達七公尺。三聖造型氣勢莊嚴，面目慈祥，所披袈裟褶皺，用大塊面手法鑿成。袍袖下垂至腳，支撐了手臂。匠心獨具，巧奪天工。雖然普賢手中所托一點八公尺高的石塔，重約千斤，卻歷千年而不墜，工藝高妙如此，堪稱一絕。

最負盛名的盧舍那佛像，要屬河南洛陽龍門的奉先寺了。奉先寺位於西山最高處，是龍門唐代石窟中規模最大、藝術最精、最富代表性的石窟。這裏的主佛即盧舍那佛，佛高五丈有餘，面容豐腴飽滿，修眉長目，嘴角微翹，流露出對人間的關注和智慧的光芒。衣紋簡潔流暢，達到了形神兼備的效果。兩側侍立的弟子，一為迦葉，老成持重；一為阿難，溫順虔誠；天王手托寶塔，魁偉英武；力士左手叉腰右手舉拳，怒目相視，咄咄逼人。盧舍那大佛是唐代武則天下令雕造的，她為造此寺，資助脂粉錢兩萬貫，親率朝臣參加盧舍那大佛的開光儀式。佛像面容豐滿秀麗，有人說是按照武氏的「御容」雕造的，莊嚴中又有幾分女性風韻。

伊水東岸今存一巨石，俗稱擂鼓石，相傳就是武則天當年禮佛時，擊鼓奏樂的地方。

東方三聖

古人嚮往美妙的世界，或寄望於東方，或寄望於西方，但並不寄望於南方或北方。這種信仰怕與古人的太陽崇拜有關。人類早期，無法定居生活，地上的自然環境經常發生變化，但是天上的日月星辰卻總是伴隨著他們，而天空中最引人注目和最能影響人們生活的是太陽。太陽每天東出而西入，它出現時，光芒萬丈，耀眼炫目。它給人們以溫暖，使萬物生長。可以說，太陽象徵著生命，象徵著光明，象徵著幸福。而它出升的東方和落入的西方，又能使人產生多少奇妙的遐想！在人們的想像中，東方和西方這兩個太陽生活的國度裏，該是多麼美妙的天堂！在中國古代神話中，東有蓬萊瀛洲，西有西王母的瑤池仙境，都是仙人生活的地方。比如對蓬萊、瀛州等神山的描繪：它們在「渤海之東，不知幾億萬里」，周圍是大海，「其山高下周旋三萬里，其頂平處九千里」，山上的「臺觀皆金玉」，「禽獸皆純縞」。這點很奇特，「純縞」是古代一種白色絹，所有的飛禽走獸都是純白色的，還不奇特嗎？殷商和古代拜太陽的東夷民族，都把白色看成是尊貴顏色，崇尚純白的禽獸，似可看成古人太陽崇拜的一個例證。更奇的是，「珠玕之樹皆叢生，華實皆有滋味，食之皆不老不死。所居之人皆仙聖之種，一日一夕飛相往來者不可數焉。」（《列子・湯問》）這幾座仙山相隔有七萬里，但一天一宿能打個來回（還包括聊天、吃飯、打屁的時間），可與今天乘坐豪華客機旅遊相媲美。難怪引起無數古人（乃至帝王）的拚命追求。

佛經亦如是。西方有個極樂國，彌陀主之。東方也有個淨琉璃國，藥師主之。藥師佛為活人消災延壽，讓人健康長壽，活得快樂，這與「苦行外道」所宣揚的活著苦行，死了最快樂的理論，大不相同。

藥師佛梵文是Bhaisajyaguru，全稱是「藥師琉璃光如來」，又稱「大醫王佛」、「醫王善逝」等。他是東方淨琉璃世界的教主。藥師佛手下有十二員神將，還有兩個大幫手，即左脅侍日光遍照菩薩，右脅侍月光遍照菩薩。藥師佛與日光、月光二菩薩合稱「東方三聖」。日光菩薩在密宗裏稱「威德金剛」。他的塑像為菩薩形，肉色，一手持寶幢，一手持日輪。月光菩薩的塑像也是菩薩樣，黃色，一手持青蓮華（花），上面有個半月形。二菩薩自有喻意，日月升於東方，以其光明遍照眾生，使眾生安康幸福。

日光菩薩　（清）

密宗歡喜佛

北京雍和宮佔地百畝，擁有殿堂、僧舍一千餘間，是京城最大的喇嘛廟。在世俗眼中，雍和宮是神祕的，它的神祕在於神祕的密教，神祕的密教中又有一些神祕的「歡喜佛」，引得無數人好奇不已，既欲先睹為快，又要問個究竟。

雍和宮的密宗殿裏供有不少歡喜佛，其中有些呈男女裸體雙身交合之態，男身個個面貌醜陋，殘忍凶惡，有的還長著野獸腦袋。比如有一尊金剛勇識仁樂王佛，狗頭龍鬢，巨口獠牙，十二隻手各執一件法器，腰間懸掛著紅黑色人頭，胸前抱著一個頭戴金冠、後垂長髮的裸體少婦。在法輪殿的東配殿裏，也供著一些歡喜佛。

歡喜佛為密宗（又叫密教）所獨有，我國西藏地區的藏傳佛教主要為密宗，俗稱喇嘛教。密宗以高度組織化的咒術、儀軌、民

雙身金剛薩埵像　（清）

俗信仰為其特徵。密宗儀軌極為複雜嚴格，要由師父（導師）祕密傳授，密宗的修持不讓外人觀看，也不向外界宣傳，因而籠罩著一層神祕色彩。歡喜佛的神祕即為其中之一。

何謂「歡喜佛」？

在明清筆記中，記載了一些有關「歡喜佛」的情況。如明·方以智《物理小識》卷十二載：

崇禎辛巳（公元一六四一年），曾同姜如須過後湖，入一庵，後殿封鐍，具施乃開。皆裸佛搆構（媾）形，凡數百尊。守者曰：「天地父母（指裸佛）前年大內發出者。」其像皆女坐男身，有三頭六臂者，足下皆踏裸男女，累人背而疊之。

崇禎年間宮內發生過撤除神像的事件，乾清宮、隆德殿、英華殿等處的各種神道佛像全部移出宮外安放，其中即包括大量雙身交接的歡喜佛。

到了清代，宮廷內的歡喜佛並未禁絕，皇宮內慈寧宮旁有個寶相樓，樓內即供有大量歡喜佛。就在皇帝的熱河行宮內，也少不了歡喜佛。據《前清宮詞》載：

熱河行宮名避暑山莊，……內有銅殿一所，柱壁皆鑄精銅為之，內藏銅佛百餘尊，皆裸形祕戲圖也，盡態極妍。

對這些「裸形祕戲」、「盡態極妍」的歡喜佛，受傳統倫理道德教育的漢地人們視之為「淫穢」、「不雅」。《西藏新志》卷中稱：

四月十五日龍王塘大會，廟在水中，……正殿旁特塑一大祕戲像，即俗所謂歡喜佛。喇嘛云是佛公、佛母。四壁所畫，亦皆此式。甚為不雅。

這種「甚為不雅」的歡喜佛又叫歡喜天、大聖歡喜天，梵文是Ganapati，音譯為「俄那鉢底」。「俄那鉢底」的意思就是「歡喜」，也可以理解為「無礙」。歡喜佛的來歷如何呢？

歡喜佛之由來

近人徐珂在其編撰的《清稗類鈔・宗教類》中談到了歡喜佛的由來：

歡喜佛，作人獸交媾狀，種類甚多，有男與雌獸交者，有女與雄獸交者。相傳出自蒙古。某喇嘛因佛教盛行，人多持獨身主義，而不欲結婚，於是人種日衰，一部落僅有數人，見而大悲，恐人類之滅絕也，遂幻其說，謂交媾本佛所有事，製為各種雌雄交媾狀，名之曰歡喜佛，獨身之俗漸消。

其實，歡喜佛淵源甚遠，並非出自蒙古，更非某喇嘛的創造發明。其最初原身為古印度神話中一位象頭人身神——毘那夜迦。他是濕婆（大自在天）和雪山神女的兒子。據古印度史詩和《往世書》的說法，雪山神女為兒子舉行誕辰慶典時，忘了邀請土星神沙尼，沙尼就用日光砍掉了嬰兒的頭。濕婆便派侍從難丁去找一個活物的頭來，好安在兒子的身上。難丁來到天國都城，一眼看中了天帝因陀羅的坐騎大象，經過一番激烈的戰鬥，武藝高強的難丁終於割下了象頭，濕婆便將之安在兒子頭上，毘那夜迦復活了。

要進來天國的人太多了，人滿為患，天神們就找來雪山神女，請她想想辦法。於是雪山神女找來兒子毘那夜迦，讓他誘惑人們，在解脫的道路上設置重重障礙。所以他又叫做「障礙之主」（「毘那夜迦」的意思即「障礙神」、「常隨魔」）。

毘那夜迦被印度教奉為智慧神，因為他統率著一群善於搗亂的小神，故又被稱為「群主」。在佛教密宗中，毘那夜迦則變成性格暴戾、為害世界的惡神，人稱「大荒神」。為了調伏他的暴惡，觀音菩薩便變化為毘那夜迦女身與其擁抱相合，於是「大荒神」頓時歡喜，皈依佛法，成為「歡喜佛」。據《四部毘那夜迦法》云：

觀世音菩薩大悲熏心，以慈善根力化為毘那夜迦身，往歡喜王所。於時彼王見此婦女，欲心熾盛，欲觸彼毘那夜迦女，而抱其身。於是，障女形不肯受之，彼那王即憂作敬。於是彼女言：「我雖似障女，自昔以來，能憂佛教，得袈裟。汝若實欲觸我身者，可隨我教，即如我至盡未來世，能為護法不？可從我護諸行人，莫作障礙不？又依我以後莫作毒心不耶？汝受如如敬者，為我親友。」

時毘那夜迦（即歡喜王）言：「我依緣今值汝等，從今以後，隨汝等語，守護法。」

於是毘那夜迦女含笑，而相抱時，彼作歡喜言：「善哉，善哉！我等今者依汝敕語，至於未來護持佛法，不作障礙而已。」

乃可知女，觀自在菩薩也。是則如經所說，應以婦女身得度者，即現婦女身而為說法。

請看，暴戾行惡的大荒神在美貌溫柔的毘那夜迦女（實為觀音大士）面前拜倒了，降服了，成為觀音菩薩亦即佛門的「俘虜」，真可謂佛法無邊！而觀音的這套做法與馬郎婦的故事（參見〈觀世音菩薩〉該節）如出一轍。這也是密宗的「調伏」、「樂空雙運」等理論的具體化。

「調伏」與「樂空雙運」

顯宗佛教是嚴禁色欲的，將其列為五戒（不殺生、不偷盜、不淫邪、不妄語、不飲酒）之一，密宗則不同，認為女性是供養物，她們是佛菩薩等化身而來，用色欲來調伏那些阻礙修法的魔障和無明，然後將其引渡到佛國。

密宗主要經典《金剛頂經》稱：

奇哉自性淨，隨染欲自然；
離欲情淨故，以染而調伏。

這裏的「欲」指情欲、性欲，「染」則指色染，男女交媾。這裏給性力以神祕色彩的「調伏」

概念，意思是說用性欲即「色染」來「調伏」阻礙修法的魔障，將修法者引渡到「自性淨」的高級境界。這就是密法修習的最高階段「無上瑜伽」的所謂「樂空雙運」義理。其最大特點是利用女性作為修行夥伴，進行「樂空雙運」之男女雙身修法，要求修法者在男女性媾中，於大歡樂中悟得空性，即以欲制欲，以染而達淨。所以修習密宗的最高果位無上瑜伽密時，必須男女雙修，並特別強調了異性的催動：「隨諸眾生種種性欲，令得歡喜。」（《大日經》卷五）「熙怡相微笑，遍體圓淨光，喜見無比身，是名能寂母。」（《大毘盧遮那成佛神變加持經》卷二）「能寂母」即「佛母」。前引《物理小識》中的「天地父母」，即父母佛，又叫佛公、佛母，亦即歡喜佛。藏語稱此雙身佛為「雅布・尤姆」，意即「佛公」、「佛母」。

歡喜佛雙身裸體還有一層意思，象徵無牽無掛，一塵不染，脫離了塵垢凡界。雙體擁抱，男者代表智慧，女者代表禪定，「女是禪定，男是智慧」（《大日經疏》卷四）。佛教認為從初學到成佛，必須「止」、「觀」雙修，「定」、「慧」兼備。（「止」即禪定，「觀」即智慧。）佛教經典把二者比作「車之雙輪」、「鳥之雙翼」，缺一不可。男女雙抱合體展現了智慧與方法雙成，所謂「悲智雙運」，男女相合為一完人，圓滿具足。修證所得，業障摧破，是為「大歡喜」。男女雙修，可快速成佛。

密宗修習的最高階段即無上瑜伽密修雙身法，這是通往即身成佛的「無上至寶」，只有有「根器」者才能得到上師的灌頂授法即言傳身教，多數的僧人是與此無緣的。但也有例外，皇上可以得到「優先」。元順帝就是個特別愛修密法的皇帝。《續通鑑》至正十三年（公元一三五二年）載：

其僧（西蕃僧策林沁）善祕密法，謂帝曰：「陛下雖尊居萬乘，富有四海，不過保一世而已，人生能幾何?當受此祕密大喜樂禪定。」帝又習之，其法亦名雙修法，曰延徹爾，曰祕密，皆房中術也。

元順帝是中國歷史上有名的荒淫皇帝，他並沒有經過極其艱苦的修習次第，所以他的修習「祕法」，純粹就是一種淫樂。《元史》卷二〇五載：

其（西蕃僧）徒皆取良家女，或四人或三人奉之，謂之供養。於是帝日從事於其法，廣取女婦惟淫戲是樂。又選採女為十六天魔舞。八郎者，帝諸弟，與其所謂倚納者，皆在帝前，相與褻狎，甚至男女裸處，號所處室曰皆即兀該，華言事事無礙也。君臣宣淫，而群僧出入禁中，無所禁止。

密宗的無上瑜伽密修法在明清宮中更加走樣，嘉靖十五年（公元一五三六年）輔臣夏言曾向皇上奏請拆毀宮內大善殿中的密教神像，說：「其所為男女淫褻之像者，名曰歡喜佛，傳聞欲以教太子，蓋願長於深宮之中，不知人事故也。」（《留青日札》卷二十七）明代學者沈德符在《敝帚齋餘談》中，亦證實此說：

余見內廷有歡喜佛，云自外國進者，又有云故元所遺者。兩佛各瓔珞嚴妝，互相抱持，兩根湊合，有機可動，凡是數處。大璫云：「帝王大婚時，必先導入此殿。禮拜畢，令撫揣隱處，默會交接之法，然後行合巹。」蓋處睿稟之純樸也。

這裏的歡喜佛已不是一種身心合一的修煉方法的象徵，簡直成了傳授性交技能的「直觀教具」了。

毋庸諱言，在明清時期，修密法的喇嘛僧人在漢地的百姓眼中形象很不好，一是世俗對密宗雙身修法知之甚少，二是這種修行方法與漢族的傳統倫理道德格格不入，難為漢人所接受。

這在明清小說中即有所反映。明末清初文人丁耀亢在其所撰《續金瓶梅》第三十七回〈三教堂青樓成淨土　百花姑白骨演旁門〉中，對密宗雙修有詳細描述：

金國喇嘛教中有個胡姑姑，已六十餘歲，名號「百花宮主」。頭上纏著毘盧旋螺黃錦佛帽，耳上兩個金環，項掛一串一百零八顆人頂骨數珠，胸前纏著西洋火錦一口鐘的戒衣，遮過了雙足。手裏搖著銅鼓兒，口裏念著咒語。

百花宮主傳的法術名曰「演折揲法兒」，又曰「大喜樂禪定」，專講男女交媾陰陽祕密之法。又有一種邪藥，男子吃了通宵行樂不洩，婦人吃了身體酥軟昏麻，醒了又迷，迷了又醒，酒醉相似。又供奉一尊銅佛，俱是二身男女摟在一處，交嘴咂舌，如畫的春宮一樣，號曰「極樂佛」。宿臥不分男女，自說是大道原無彼此。

先是番國的官員婦女，尊奉喇嘛教的奉她如神。後來中國婦女也有投拜門下，學這個折揲法兒的。那男子漢沒有本領奉承婦人，也有投做徒弟，暗暗請尊佛來，供奉在臥房內，要夫婦三更赤著身子，不穿中衣，起來參拜此佛，求子求壽，無不響應。這個道是不費銀錢，又不費工夫。因此人人都道百花姑果有靈驗，某人得了子、加了官，俱是大喜樂禪法的靈驗。

由此看來，當時的一些漢人是把歡喜佛作為送子送福的番神來供奉的，只是求子的方法十分稀奇，這大約是受歡喜佛裸體雙身像的影響。對百花姑等所供奉的歡喜佛，書中亦有描寫：

> 但見喇嘛和尚們也不拜佛，也不打坐，抬出一尊雙身佛來，有二尺餘高，男佛女佛合眼相抱，赤身裸體，把那個陽具直貫入牝中，寸縫不留，止有二卵在外。用一烏木螺甸九重寶塔龕內安坐，使黃綾幔帳遮蓋，不許外人窺看。這就是大喜樂禪定佛祖了。（《續金瓶梅》第三十九回）

至於這種「演折揲法兒」或「大喜樂禪定」的實際「修法」，書中第三十九回〈演邪教女郎迷性　開齋堂貧子逢妻〉也有具體介紹：

> 喇嘛們吹起四支海螺，如鼉鳴虎吼，二十四面大鼓一齊打起，鬧成一塊。兩僧將歡喜佛供在中間，百花姑下法座，繞佛三匝，把手中銅鼓搖起，口念咒語，拜了九拜，取一柄大鼓，把屁股搖著打起，唱的曲兒嬌聲浪氣，極是好聽。女喇嘛們一人一鼓，和著番曲。打了一回，四個男喇嘛對舞，又是四個女喇嘛對舞，又是男女齊跳，女搭男肩，男搭女背，前合後仰，側腦歪頭，備極戲狎。
>
> 早有一個大喇嘛和尚，四十餘歲，黑面鉤鼻，連腮拳胡，手持番鼓，舞得團團轉，眾喇嘛隨著亂轉，滿屋轉的似風車，這就叫做「胡旋舞」。胡旋舞已畢，這和尚跳上法座，把百花姑摟在胸前，捏鼻子，捏耳朵，摟得緊緊的，用兩腿盤在膝上，入定去了。接著，幾個二三十歲的女喇嘛，

又跳起「天魔舞」。輪流亂舞到了三更，佛堂上燈燭將盡，昏暗不明，這些男女喇嘛，一人一對，俱上禪床，放下黃綾帳幔，一個個面壁盤膝，摟臂貼胸，坐喜樂禪定去了。這百花姑合眼入定，把幾個喇嘛和尚，不知入定了多少，才完了她的大喜樂禪。直到五鼓，這喇嘛也有下床的、出定的，卻是大盤牛肉燒酒，每人一盤，是大喜樂齋飯。

以上說明，密宗雙修密法在元明清時期的宮廷和民間都有一定影響，只是宮中將其主要視為一種新奇的淫戲房中術，而民間則進一步將其視為公開宣淫的「邪教」了，認為是見不得人的勾當。《續金瓶梅》寫到幾個去廟裏看百花姑演法的幾個婦人、姑娘（皆為不正經之輩），回來議論此事道：「這喇嘛姑子演法，險不砢磣煞人（羞死人），不當花花的。一個和尚摟著一個姑子，坐在禪床上，道是坐禪，要不念著這兩句經，誰信是佛法！若是咱們，不知說出多少是非來了。」這幾位婦道人家被作者歸入「淫女邪婦」一類，尚如此看，一般正經老成的人們如何看就可想而知了。

然而，雙身修法乃一祕密修法，決不公開演示，規定極嚴。如丁耀亢所敘確為當時實際情況，則百花姑一夥的演法實際已走了樣。再者，雙身無上瑜伽並非如其表面顯露的只是簡單交媾而已，而是另有奧妙，據稱即與達到人的長壽有關。

雙身修法與長壽

密宗認為，人體有許多奧祕，人本身就是一個小世界，與天地宇宙具有互相溝通的作用。凡宇宙所有一切，人皆有之。只要運用傳統的修煉方法得當，便能開發利用身體的潛能，迅速達到天人一體，進而達到超凡入聖成佛的境界。

佛教顯宗主要從思想或心理上去消除煩惱和偏執，密宗則認為思想或心理與生理密不可分，所以主張修習生理，注重鍛鍊身體。無上瑜伽則最重修身煉氣，並男女雙修。

無上瑜伽密法從修習次第上講，一般分為兩個階段：生起次第和圓滿次第（也有的派別再加上大圓滿法分成三個階段，但大圓滿法與圓滿次第修法略同）。生起次第是為修圓滿次第做準備，是用觀想修本尊的階段。修習者選定自己的本尊佛（如觀音或大日如來等）依修持者的心情和投緣而定。仔細觀察本尊佛的形象，使其形象非常細緻地印在腦海中，還要結本尊手印，念本尊真言。天天修，月月修，天長日久，由於條件反射，本尊佛就會出現在眼前，最後本尊全與修持者融合為一，修持者即「變身」為本尊。而後可相繼修圓滿次第。

圓滿次第為高級修習階段，以修身煉氣為主。密宗有一套著名的氣脈理論，即「三脈七輪」。藏密黃教祖師宗喀巴在《密宗道次第廣論》卷二十一中說，身脈總有七萬二千，主要有百二十，尤要者二十四，最切要者有三脈，即中脈、左右二脈。中脈又是最重要的一脈，從頭頂至會陰，中脈兩側為左脈、右脈，與中脈平行，左脈下通右睪丸，右脈下通左睪丸，女性則通子宮。三脈肉眼是看不見的，據說功夫深厚者在靜定時，氣脈通了，自己才會看見它們（中脈藍色，左脈紅色，右脈白色）。

「七輪」是海底輪（會陰處，為人體「靈熱」之「密泉」）、生殖輪（生殖器根處）、臍輪（肚臍處）、心輪（心窩處）、喉輪、眉間輪（眉心處，所謂「慧眼」所在）、頂輪（頭頂內），此外還有一個梵穴（在頂門，另一說在頭頂上，中脈以此為出口）。

密宗瑜伽行者認為，人體的「靈熱」力在海底輪內潛伏不動，一旦喚醒起海底輪沉睡之「靈熱」（又叫「靈能」、「拙火」），便逐輪上升，一一穿過，扶搖直上最後達到頂輪，與明點（又稱「大自在」）會合，進入三摩地（入定），而後噴放，流下甘露，滋潤全身，得大安樂境。修習者即獲得「無上靈力」，藉以治病、強身、延壽，產生人體的超能力。無上瑜伽密的「樂空雙運」雙身修法，屬圓滿次第，通過修煉中脈以達到長壽。

佛教密宗的主要哲學觀點是，終極真理在於人體。認為身體內含有「生命的火花」，藉由修行催動，這種火花會迸發出巨大的能量，使修行者在宇宙及虛空之中成為法力無邊之人，非男非女，神人合一，即身成佛。

這種最高理想境界在雙修中可以獲得。密宗認為，在人體脊髓左右的兩經絡，分別叫做「男脈」和「女脈」。男脈代表父、精、日，最後昇華為「悲」和「方便」；女脈代表母、卵、月，最後昇華為「空」和「般若」（智慧）。只要人體存在這種雙性，就仍處於輪迴之中，而與神分離。

為了克服這種雙性，與女性夥伴（又稱「明妃」）做真實交歡的修行者要凝心於「菩提心」——位於肚臍附近的穴位，與道教氣功「意守丹田」相似。從女子那裏獲得的女性活力刺激起男子的菩提心，與他勃發

勝樂金剛　（清）

未射的精液（用意念來控制，即所謂「止精法」）融合為一種新的強有力的氣，這股氣開啟出一條新的、無性的脈道（清淨脈道），通過心輪、喉輪、眉輪，最後達到頂輪、梵穴，它把空與悲、般若與方便和諧地融為一體，使修煉者達到了陰陽合一、人神合一、大徹大悟的「涅槃」或「極樂」的極高境界。所以，這種修煉離不開女性，難怪有人說「佛在女性生殖器中」！（〔荷蘭〕高羅佩《中國古代房內考》附錄）

這種崇拜女性、強調女性作用的雙身修法當然不是出自蒙古，也非出自西藏，推究起來，淵源深遠，它來自古印度的性力崇拜。

雙身修法與古印度的性力崇拜

密教和印度教一樣十分崇拜女神，認為性力是宇宙的根本原理，是智慧和力量的表現，男女和合才能獲得宗教的解脫和無上的福樂，這原是印度原始居民的神話世界觀。原始居民想像自然界的耕耘活動是和人類的生殖行為相類同的，女性是田畝，男性生殖器是鋤頭，精液是種子，為了獲得更多的產品，他們建立了增殖的儀式。（黃心川〈中國密教的印度淵源〉，載《印度宗教與中國佛教》）

印度教中有一派為性力派，提倡性力崇拜和大樂思想，係印度教濕婆派的分支，是由於對濕婆神威力的崇拜而引出的生殖力崇拜和女神崇拜。印度教性力派把「雙身」交合看成是修行者重要的修行方法，進而建立了「輪座」（男女雜交）等密儀。

所謂「輪座」也是對性力女神的「五M」祭儀。信徒集會崇拜時，以一裸體女子為崇拜的本尊神而圍繞，先飲酒（madya）、食魚（matsya），再吃肉（mamsa），期待性交（maithuna），最後以男女亂交之歡樂（mudra）為終結。此即「五M」祭儀，也稱聖輪、輪座。

最後的性交，乃是最祕密最神聖的儀式。印度教性力派的思想和實踐為密宗的無上瑜伽所攝取，並有了新的發展，遂出現了神祕的男女雙修和大量的歡喜佛塑像、畫像，成為世俗中的難解之謎。

密宗雙修與中國古代房中術

談到密宗男女雙修追求強身、長壽的功法，也使人想到我國古代的房中術，雖然二者並非一回事，但它們之間卻有不少相通之處。

如同歡喜佛被人們誤解和曲解一樣，中國古代的房中術長期以來擔負著不大光彩的名聲，被說成是「誨淫縱欲」、「低級下流」的勾當，蒙受了許多不白之冤！

中國的房中術歷史久遠，內容豐富，所建立的一系列理論也有許多科學的部分，這一切遠比西方先進得多，要比西方近代建立的性科學在許多方面早十幾個世紀。在兩千餘年的漫長歲月裏，許多歷史著名人物都樂於此道，其中有中醫學家、道教理論家、政治家、帝王將相，以及文人學士等。房中術雖然研究探討了各種性交姿勢和技巧（如十動、十脩、十節、八動、十已、九法、卅法等），也詳細介紹了性交全部過程中男女雙方的心理反應、生理反應，以及各種感受（如男女雙方的性歡娛、性滿足）等，但它更強調節欲，強調男女交合時要與「行氣」（指「吐納之道」，即氣功）並行，有時還要配合藥餌。所以，房中術最初絕非縱欲淫樂之術、「被窩兒裏的學問」，而在很大的歷史時期內，它主要是作為一種長生術或養生學流行於世的。至於後來一些好色淫逸之徒專攻房中性技巧以資淫樂，則已走邪了，應另當別論。

最晚在兩漢初年，即已有房中術著作出現。馬王堆漢墓出土的竹簡書中有《合陰陽》、《十問》、《天下至道談》，帛書中的《養生方》、《雜療方》都屬於房中術著作。這些著作用討論的形式，論述了「天下至道」即高深的養生之道，實際主要探討了性保健的問題，也就是寓於房中術的養生之道。如怎樣順從天地四時陰陽的變化，注意起居飲食，堅持操練氣功導引，在男女交媾行房事時要節制，注意房中養生保健，以預防疾病，求得健康長壽等。

道教於東漢創立後，房中術即被引入道教，成為道教養生修煉的三大法門（行氣、服餌、房中）之一。道教的創建者張道陵本人就是一位房中術專家，他以房中術為人治病和傳授信徒修煉長生。房中術在道門中又被稱作《男女合氣之術》。

張道陵為人治病，一為符籙，一為房中。治病用的符水大有講究，天師畫符用的布帛、紙張、墨水、硃砂等物，皆用不同藥物加工。符畫好後，放入「淨水」中浸泡，再讓病人服下。「淨水」也用藥物配製，主要是中草藥，其中有不少祕方。所以「符水」其實就是藥物，對病畫符，就是對症下藥。至於張道陵以房中術治病，歷史亦有載：

張道陵者，沛國人也。本太學書生，博通五經。晚乃歎曰：「此無益於年命。」遂學長生之道。其治病事，皆採取玄、素。（《神仙傳・張道陵》）

「玄、素」即《玄女經》、《素女經》，皆是房中術之經典著作。張道陵曾對弟子們說：「爾輩多俗態未除，不能棄世，正可得吾行氣導引房中之事，或可得服食草木數百歲之方耳。」這種「行氣導引房中之事」後人也有些記載，南北朝時有個道士叫甄鸞，後叛道皈依了佛門，他寫了一篇《笑道論》，其中就介紹了「男女合氣」之房中術：

> 臣年二十之時，好道術，就觀學。先教臣《黃書》合氣，三五七九。男女交接之道，四目四鼻，兩口兩舌，兩手兩心，正對陰陽，法二十四氣之數行道。

又說：

> 行道在於丹田，有行者度厄延年。教夫易婦，唯色為初，父兄立前，不知羞恥，自稱中氣真術。（《廣弘明集》卷九）

甄鸞在文中雖難免有些詆毀道教之辭，但也確實說出了一些事實。

張道陵身體力行，加之其他養生法，活了一百二十三歲！唐代精於房中術而獲百餘歲高齡的醫聖孫思邈在所著《千金要方・房中補益》中指出：長生之要，其在房中。上士知之可以延年除病。然此方之作也，非欲務於淫佚，苟求快意，務存凡節欲以廣養生也；非苟欲強身力，幸女色以縱情，意在補益以遣疾也。此房中之微旨也！

孫思邈認為修習房中術可以「令人不老，有美色」，功夫高深者甚至可以達到「年萬歲矣」（《千金要方・養性》），簡直到了永生的境界。

房中術以房中修煉、還精補腦為不二法門。這與密宗雙身瑜伽修行有些相通之處。房中術何以致長生呢？概括來說，就是「多交少洩可以延年」。《素女經》說：「法之要者在於多御女而莫數洩精，使人身輕，百病消除也。」《千金要方・養性》說：「御女多者，可採氣。」

道教把人體當「爐鼎」，以體內「精」、「氣」、「神」去燒煉，據說可使精、氣、神凝聚結成「聖丹」，即所謂「內丹」。內丹是道教氣功的一種，是一種內功修煉。古人還把精液看得十分貴重，認為少洩會大益於健康，「愛精重施，髓滿骨堅」（《老子河上公章句・安民章》），「三神還精老方壯」（《黃庭內景經・止觀章》）。葛洪在《抱朴子・微旨》則明確認為「善其術者，則能卻走馬（洩精）以補腦」，此即「還精補腦」。

所謂「還精補腦」是說在即將射精的瞬間，用手指壓迫會陰處，便不會洩精。房中術家認為精液會上行而達腦子，產生滋補作用，進而延年益壽：「御婦人之術，謂握固不洩，還精補腦也。」（《後漢書・方術列傳》李賢注）不過，從現代醫學來看，此法並不符合科學，「還精補腦」也是荒謬的，但其中或許另有奧妙之處！

有資料證明，有些教派還從事群交式的性修煉，這也與印度性力派的「輪座」、「五M祭儀」相類。男女靠性交增強元氣的觀點，造成群眾性神祕主義思潮的流行，東漢末年張角的太平道，是以群交方式進行性修煉的最早一例。張角的太平軍還有自己的祕書《黃書》，此書早已失傳，但唐初僧人法琳在《辨證論》中談到了它的內容：

> 《黃書》云：開命門，抱真人，嬰兒回，龍虎戲，三五七九，天羅地網。開朱門，進玉柱，陽思陰母曰如玉，陰思陽父手摩足。（《廣弘明集》卷十三）

黃巾起事雖被鎮壓下去，但這種群交式的「男女合氣」性修煉還流傳了不少年，被佛門斥為「士女溷漫，不異禽獸」。

直到清代，這種性祕術修煉還不斷興起過。其中一次是在道光十九年（公元一八三九年），山東道士周星垣倡導性修煉，聲稱可以袪病延年。他聚合大批徒眾，包括一些鄉紳，男女一起雙修。官府鎮壓時，他們誓死抵抗，上千男女自焚於山寨。（《說庫・大獄記》）

追求長生不老，追求長壽，是中國人也是全人類的最大期望。人們想盡辦法延長自己的壽命，從古至今從未停止過這種追求與探討。佛教密宗男女雙修是一種探討，中國方士、道士的養生保氣房中術也是一種探討，其中一些未被人識的奧祕值得我們今天繼續研究與探討。

歡喜佛的象徵意義

顯宗的佛像多是說教像，而密宗的佛像多屬寓言像，即有某種寓意和象徵。密教歡喜佛雙身像除了少數形象端莊的以外，多數是那些牛頭馬面，有許多頭表情凶惡，多手多足的恐怖忿怒像。

佛教不僅需要藉助「善神」、「慈祥神」的感化力量來普度眾生，而且也需要藉助「凶神」、「恐怖神」的威力來降伏群魔。所以，慈悲和忿怒是兩種基本的、互補的教化方式和手段。據密教經典，許多忿怒本尊都是佛菩薩的變相。佛、菩薩都有兩種變化身，一是正法輪身，現「真實身」，就是正常的模樣；一是教令輪身，現「忿怒身」以教化那些頑固不化、魔障纏身的眾生，使之猛醒、省悟，並可摧破煩惱、降伏惡魔。同時，忿怒像還有降伏性欲和「外道」（其他宗教）的寓意。密宗的這種造像，象徵用凶猛的力量鎮懾危害佛教的邪魔外道（雖然他們本身就是個惡魔形象），表現了大憤怒、大無畏、大勝利的氣概。所以這歡喜佛的「歡喜」是降伏敵人取得勝利的歡喜。歡喜佛是密宗護法神中具有大威力、大勇猛的一種象徵。

雙身歡喜佛種類很多，造型又極其複雜，其象徵意義也非常繁多。如勝樂金剛（又叫上樂金剛），拉薩藏密修習機構下密院極重視此本尊之法的修習，為修無上瑜伽密之本尊。勝樂金剛有四臉，分為白、黃、紅、藍各色，每臉有三目，共十二臂，主臂擁護明妃金剛亥母，裸體，右腳踏一伏首趴身的恐怖男人，左腳踏一仰面躺身的女人。

勝樂金剛站在蓮花座上，意為高出無常的世界，就像蓮花出污泥而不染。蓮花之上有太陽，象徵空，即心的光明境界。四張臉的寓言是白臉息災，黃臉增益，紅臉敬愛，藍臉降伏。每一臉上有三隻眼，照顧一切有情。每臉上面有五頭骨作冠，身著虎皮，二者都象徵勇武。他的身體用五十個人頭和人骨念珠為裝飾，代表著梵文的五十個字母和全部經典。

他的十二隻手臂代表十二真理，用以克服十二緣起的約束。手中拿著的各種武器，表示作惡和無明都被毀滅，手中所持盛滿血的人頭骨，血代表快樂。他的右腿伸著，表示教儀傳布開來；左腿彎著，表示快樂獻出已被接受。兩條腿又代表方法與智慧。右腳踩著恐怖者，表示降伏了煩惱和魔障，左腳踩著仰面女，表示降伏了色欲。

明妃金剛亥母右手持月形刀，以便殺死一切惡者，並鉤住一切善者；左手拿人頭骨做的碗，裏面充滿了血，以獻給勝樂金剛，作為幸福。她也以人骨念珠作裝飾，象徵「六度」：佈施、持戒、忍辱、精進、禪定和智慧，是佛門六種從生死此岸到達涅槃彼岸的方法和途徑。

綜上所述，密宗歡喜佛充滿了神祕的奧妙，是極為複雜而又頗具哲理的一種偶像崇拜。我們應該繼續探索。

菩薩

菩薩是佛教中修行次第的稱謂，地位僅次於佛。菩薩是菩提薩埵，是梵文Bodhisattva的音譯之略，意譯為「覺有情」、「道眾生」、「道心眾生」。舊時又譯作「大士」、「開士」、「高士」、「大聖」等。對「菩薩」的含意，歷代高僧都有過解釋。

東晉的僧肇說：「菩提，佛道名；薩埵，秦言（漢語）大心眾生。有大心入佛道，名菩提薩埵。」陳、隋時高僧智顗大師說：「用諸佛道，成就眾生故，名菩提薩埵。」唐僧法藏解釋說：「菩提，此謂之『覺』；薩埵，此曰『眾生』。以智上求菩提，用悲下救眾生。」（《翻譯名義集》卷一）

所以，菩薩就是「上求菩提（覺悟），下化有情（眾生）」之人。菩薩的職責就是幫助佛，用佛教的宗旨和教義，解救在「苦海」中苦苦掙扎的芸芸眾生，將他們「度」到極樂世界中去，了卻一切煩惱，永遠歡樂。

在大乘佛教中，菩薩是僅次於佛的第二等果位，遠遠高於羅漢。釋迦牟尼成佛之前，即以菩薩為稱號。許多人對眾多的佛、菩薩、羅漢，感到不大好區分。其實，這很

如來佛 四大菩薩
（明·《聖妙吉祥真實名經》卷首圖）

容易。除開他們因地位不同在佛殿中的位置有明顯區別外，在形象上主要看他們的頭部裝束。一般來講，諸佛佛都是不戴帽子的，頭頂上佈滿了小而捲鬈的螺髻；菩薩們卻常常愛戴雕鏤精美的蓮花寶冠；眾羅漢則與剃髮的和尚差不多。

菩薩逐漸被漢化以後，中國的信徒們從中選出了三位最著名者，組成「三大菩薩」，又稱「三大士」，即文殊、普賢和觀音。不過單數不大符合中國的傳統習慣。有些單數的事物，中國人總好弄得成雙成對，對「四」尤其偏愛。儒家經典有「四書」，古代貴族教育用「四術」（詩、書、禮、樂），圖書分類用經、史、子、集「四部」、「四庫」，傳統禮教規定婦女要有「四德」，戰國時有「四公子」，連女色也得搞個「四大美人」，還有著名的「四大民間傳說」等等。佛道中也有些人為湊成的「四」，如「四御」、「四象」、「四大金剛」、「四大天王」、「四大部洲」等。所以，後來「三大士」又變成了「四大士」，即「四大菩薩」，新入列的是地藏菩薩。

四大菩薩各有分工與特點，文殊表「大智」，普賢表「大行」，觀音表「大悲」，地藏表「大願」。因四大菩薩是以救眾生登彼岸為宗旨，他們被認為可以走下蓮花寶座，來到人間度化群氓，但他們生活的天國太遙遠了。遠在天邊，不如近在眼前，佛教徒們根據佛經和中國史籍把四大菩薩請到中國大陸「定居」下來，建立了各自的道場。本來修行是極其艱苦的磨煉，要想取得一定果位，更要生生世世修煉不已，要想見到「極樂世界」中的菩薩們，哪有那麼便利！然而，四大道場的建立，卻十分輕易地滿足了千百萬善男信女的最大欲望！

四大菩薩的四大道場，又叫中國四大佛山，即山西省五台縣的五台山文殊道場、四川省峨眉縣的峨眉山普賢道場，浙江省普陀縣的普陀山觀音道場和安徽省青陽縣的九華山地藏道場。

在蘇州西園戒幢律寺的羅漢堂裏，有一座方柱形的彩塑，四面分別塑成四大佛山和四大菩薩，上部樓閣懸空，彩雲繚繞，佈滿了許多小巧玲瓏的護法神和脅侍菩薩、羅漢、弟子等，簡直是中國四大道場的一個縮影。另外，《法華經》又稱彌勒、文殊、普賢、觀音為四大菩薩，但這一說法遠沒有前者流行，影響並不大。

有人還把四大佛山附會為佛教的「四大」結聚。所謂「四大」，又稱「四界」，指地、水、火、風四種構成色法（物質現象）的基本元素。佛教認為，世界萬物均由「四大」組成。佛教宣揚的所謂「四大皆空」，即指宇宙間的一切，包括人身在內，都是虛幻不實的。中國佛教徒也將四大道場說成是「四大」的展現。《普陀山志》稱：

> 佛經稱地藏、普賢、文殊、觀音諸佛道場，曰地、火、水、風，為四大結聚。九華，地也；峨眉，火也；五台，風也；普陀，水也。

此說若按「四大皆空」的理論來套，倒是挺正確的：四大道場「皆空」。《金剛經》說：「凡所有相，皆是虛妄。」本來就是「若以音聲、色相求我，是人行邪道，不得見如來」。

四大佛山之中，以五台山的佛寺建築最為雄偉、密集，佛像雕塑也最為精美，不愧為四大佛山之首。

五台山為四大佛山之首，當然也因為其主人文殊菩薩為佛祖的「左脅侍」，地位最高。與眾不同的是，這裏還是我國唯一一處兼有漢地佛教和喇嘛教（藏傳佛教）的佛教道場。達賴喇嘛、班禪喇嘛、章嘉呼圖克圖（大活佛）等人，都曾在五台山居住修行，有的去世後還安葬在這裏。所以，五台山道場也受到西藏、內蒙、青海、甘肅、黑龍江等地少數民族的無比尊崇。再加上歷代帝王多次朝拜五台山和極力推崇，使五台山在四大名山中獨佔鰲頭，具有特殊的地位。

五台山的國際聲望也很高，千百年來，印度、日本、朝鮮、尼泊爾、斯里蘭卡等國佛教徒，到五台山的朝聖者很多，有些人乾脆留在五台山修行終身。在唐代，日本天皇甚至定期派遣使者，專程上五台山給文殊菩薩敬獻金銀珠寶。

四大菩薩的來歷和影響分述於後。

在古典小說《楊家將演義》裏，楊五郎楊延德後來在五台山出家當了和尚，並率五百僧兵，屢助楊家破遼。許多劇種都有《五郎出家》（又名《五台山》、《大五台》）這一劇目，在民間影響不小。影響更大的《水滸傳》中，魯達因打死鎮關西鄭屠，避禍在五台山出家為僧，但這位花和尚不比楊五郎，是個「狗肉和尚」，喝醉了酒曾大鬧了五台山。

以上所舉，皆出自稗官野史，但已可看出五台山這一佛教聖地，在世俗中廣泛影響和重要地位。五台山在出家人的心目中，是極其崇高的，因為這裏被中國佛教說成是四大菩薩之首文殊顯靈說法的道場。

文殊菩薩

文殊菩薩的來歷

文殊是外來語，全稱「文殊師利」，是梵文Mañjuśrī的音譯，又譯作「曼殊室利」。因「文殊」為「妙」意，「師利」為「首」、「德」、「吉」等意，故亦譯為「妙德」、「妙首」、「妙吉祥」。

文殊在寺廟大殿裏，通常作為釋迦牟尼佛的左脅侍，專司「智慧」，表「大智」，與司「理」

的右脅侍普賢（表「大行」）並列在佛的兩旁。其塑像多為「非男非女相」，即模樣不男不女，而更像女性。早期文殊畫像有的唇上畫有蝌蚪形小鬍子，頗似美男子。宋以後，小鬚子取消，面容秀麗，腰枝窈窕，乳房豐滿，完全是一位美婦人形象。這在藏傳佛像中更為明顯。

文殊坐騎為一青獅，表示智慧威猛；手持寶劍，表示智慧銳利。獅子產於非洲和亞洲西部，在南亞諸國有許多以獅子為題材的民間故事。獅子以其威武勇猛，被譽為「獸中之王」，獅子後被佛教吸收利用，常以獅子比喻佛法威猛，能降伏一切邪魔。釋迦牟尼被佛教說成「人中獅子」（《大智度論》），還稱佛家說法聲音震動世界，叫「獅子吼」。《傳燈錄》載：「釋迦牟尼佛生時，一手指天，一手指地，作獅子吼云：『天上天下，唯我獨尊！』」所以，文殊所騎獅子，並非僅為動物，而是含有寓意。《西遊記》七十七回中，唐僧師徒在獅駝國受阻，原來是文殊的坐騎青獅、普賢的坐騎白象與如來的大鵬在此興妖作怪，連孫大聖也奈何牠們不得，最終還是勞這三位主人大駕，收伏了三怪。這裏的青獅成了獅精、魔頭，形象不佳，一是吳承恩在開佛門的玩笑，二是故事情節的需要，佛祖在「考驗」唐僧師徒對佛門的態度、立場到底如何。

密宗的文殊造形，頂結五髻，以表大日如來（釋迦牟尼佛的法身）之五智，又表童子天真之意。所以有些經書稱他「文殊師利童子」，還有人把五台山的五座主峰峰頂附會為文殊五髻的象徵。

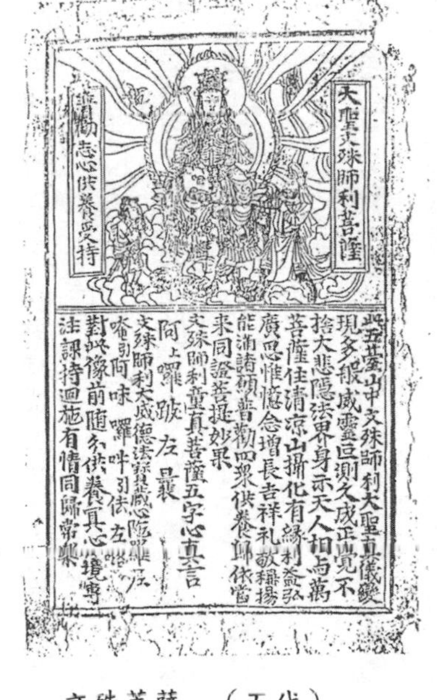

文殊菩薩　（五代）

至於文殊的身世，由於造經者們隨心所欲，各顯神通，所以文殊的來歷眾說紛紜，五花八門，根本無法自圓其說。大致有以下幾種。

一、**本為佛，因助釋迦牟尼教化眾生，暫時現菩薩身**。《菩薩處胎經・文殊身變化品》云：「本為能仁（即釋迦）師，今乃為弟子……我欲現佛身，二尊不並立」，為了佛門大業，文殊便屈尊釋迦牟尼佛之下。

二、**文殊之三世果位皆為佛**。《首楞嚴三昧經》卷下、《寶積經》卷六十等謂文殊過去為龍種上佛，又叫大身佛、神仙佛；現在為歡喜藏摩尼寶積佛；未來為普見佛。如此，同釋迦一樣，文殊也有所謂三身之說。

三、**眾佛之父母**。《放缽經》云：「過去無央數諸佛，皆是文殊師利弟子，當來者亦是其威神力所致。譬如世間小兒有父母，文殊者，佛道中父母也。」

四、**釋迦牟尼的師祖**。《法華經》說：「時有一菩薩名妙光。……八子皆以妙光為師，妙光教化之，使次第成佛。其最後之佛，名燃燈。其妙光，即文殊也。」燃燈佛為過去佛，是釋迦的師父，那麼文殊則為釋迦師祖了。

五、**阿彌陀佛的三兒子**。《悲華經》說：有轉輪聖王，名無諍念（即阿彌陀佛），他有一千個兒子，老大是觀世音，老二是大勢至，老三名王象，即文殊菩薩。第八子是普賢。

六、**妙莊王的大女兒**。《小乘經》說，妙莊王有三女一子，大女兒文殊，次普賢，再次觀音，兒子是地藏王。

七、**釋迦牟尼大弟子**。《文殊師利涅槃經》稱，文殊有大慈心，生於舍衛國一個婆羅門家庭，後投奔釋迦牟尼處學道，成了釋迦弟子。小乘佛教以舍利弗為智慧第一，大乘則以文殊為智慧第一，並推為眾菩薩之首。

第七種說法最為流行，成為通常說法。但文殊的「菩薩之首」的崇高地位，並未能永遠保持住。觀世音信仰流傳以後，便取而代之，成為世俗心目中的第一菩薩。

文殊菩薩的聖地——五台山拾趣

五台山被說成文殊的顯靈道場，也是有「根據」的。《佛說文殊師利寶藏陀羅尼經》稱：

佛告金剛密跡主言：「我滅度後，於南贍部洲東北方，有國名大震那，其中有山名五頂。文殊童子遊行居住，為諸眾生，於中說法。」

《大方廣佛華嚴經・菩薩住處品》也說：

東方有處，名清涼山。從昔以來，諸菩薩眾於中止住。現有菩薩師利，與其眷屬諸菩薩眾一萬人俱，常在其中而演說法。

上條中的「大震那」，即指中國。「五頂」和下條的「清涼山」，即指五台山。

五台山被佛教徒公認為文殊聖地是從唐代開始的。李淵起兵太原而得天下，建立唐朝後，便把太原府境內的五台山視為「龍興之地」，唐太宗曾說：「五台山者，文殊閟宅，萬聖幽棲，境系太原，實我祖宗植德之所。」唐時，五台山最盛時有佛寺三百餘座，僧尼上萬。直至民國時，全山尚有寺廟一百二十餘座，僧尼千餘，不愧為佛教聖地。

五台文殊聖地歷史悠久，文物薈萃，流傳著許多有趣傳說。茲舉數例，以饗讀者。

文殊　（清）

好大的土地　五台山五大叢林之一的顯通寺內，有一座著名的銅殿，是明朝萬曆年間妙峰大師集全國十三省佈施，以十萬斤銅鑄成。銅殿前下方兩側各有一高二丈餘的十三層銅塔，西邊一座銅塔底層的西南角，有一座小小銅廟，只有拇指大！廟內還有個更小的銅鑄土地爺。據傳，康熙帝來到五台山遊覽時，看到它特別小，便開玩笑說：「好大的土地！」不料，小「土地」一下跳到地上，立即跪地叩頭：「謝主隆恩。」於是，它就被封為山西大土地爺。這個傳說雖然今天已沒人再信，但「好大土地」的名氣卻遠近聞名，凡是到五台山遊覽的人，都要去拜訪一下。

文殊髮塔　在五大叢林之一塔院寺的東邊有一文殊髮塔，據稱文殊菩薩顯聖時遺留下的頭髮，藏在塔內。傳說有一年設無遮大會齋，有個要飯女人，拖帶著兩個孩子，身後還有一條狗，擠上前去，對分飯的和尚說：「我有急事，先分給我吧。」和尚給了她三份，連兩個孩子的都有了。這個女人又說：「狗是個活物，也該有一份。」和尚勉強又給了一份。誰知女人又說：「我腹內還有一子，應再給一份。」和尚發怒道：「妳肚裏孩子還沒出生，就要分飯吃，也太貪得無厭了！」女人爭辯道：「眾生平等，肚裏的胎兒難道不是人嗎？」說完從袖中取出一把剪子，剪下一把頭髮，放在桌上，念偈語道：

苦瓠連根苦，甜瓜徹蒂甜，是吾超三界，卻被阿師嫌。

說罷，騰空而起，現出文殊法相，兩個孩子變成了兩個童子，狗也變成了獅子。《清涼山志》卷九記載了這一傳說：「文殊髮塔，在（塔院寺）大塔東，相傳昔菩薩化貧女遺髮藏此。明神宗時，方廣道人修塔，見髮色若金，光彩無定。」

開花現佛　在羅睺寺的最後一座大殿裏，中央有個木製彩繪大蓮花，圓盤上塑有十八羅漢，盤外方臺上塑二十四諸天，四角為四大天王。蓮花高達丈餘，四尊阿彌陀佛像背靠背，分四個方向端坐在蓮花中心。八片花瓣為紅色，平時，蓮瓣緊合如蓮苞，當蓮臺轉動時，蓮瓣便徐徐張開，四佛慢慢現出，這就是聞名於世所謂的「開花見佛」。善男信女們以能目睹此景，為終身大幸。

普賢菩薩

在供奉橫三世佛的大雄寶殿裏，正中釋迦牟尼佛的兩側常有他的兩位脅侍——文殊、普賢二菩薩。普賢為釋迦的右脅侍，佛教說他專司「理德」，表「大行」。

普賢菩薩的來歷

與觀音、文殊兩位菩薩一樣，普賢菩薩其實也是「未有家世傳」（《紅樓夢》第五十回「觀音」燈謎用語）——「雖善無徵」。其身世和來歷很難說得清楚。普賢是梵文 Samantabhadra（三曼多跋陀羅）的意譯，又譯作「遍吉」。對這一名稱的含意，《大日經疏》說：「普賢菩薩者，普，是遍一切處；賢，是最妙善義。謂菩提心所起願行，遍一切處，純一妙善，備具眾德，故以為名。」《第二菩薩經跡》說：「普賢菩薩，證窮法界，久成正覺，為輔助釋迦，脫度眾生，隱本垂跡，現菩薩相，其德無量無邊，不可思議，今且約『普賢』二字，以示其概。」

如是說，普賢要將佛門推崇的「善」，普及到一切地方，可謂功德無量。這位大菩薩從名字到功能，都展現其行願的悲切。

普賢的身世有以下幾種說法。

一、**普賢是諸佛之子**。《華嚴經》說：「一切如來有長子，彼名號曰普賢。」比起文殊，普賢的輩份低多了。

二、**阿彌陀佛第八子**。《第二菩薩經跡》和《悲華經》皆稱：

有轉輪聖王，名無諍念（即阿彌陀佛，本名無諍念）。王有千子，第一太子名不眴，即觀世音菩薩；第二王子名尼摩，即大勢至菩薩；第三王子名王象，即文殊菩薩；第八王子名泯圖，即普賢菩薩。

把釋迦牟尼佛、阿彌陀佛的四位脅侍，說成是親哥兒們，都是彌勒的兒子，雖說一家人顯得親熱，但總使人感到有「任人唯親」之嫌。

三、**是妙莊王的二女兒**。《小乘經》說：「妙莊王三女，長女文殊，次女普賢，三女觀音，一子即地藏。」這是中國化的說法。

與文殊一樣，「普賢身不可思議」（《華嚴經・清涼疏》）。照佛教說法，佛或菩薩是沒有什麼性別之分的。唐以前普賢多為男身女相，宋以後多為女身女相。

文殊坐騎為六牙白象，但大自然中並未有什麼六牙白象。佛教的六牙白象原為菩薩所化，以表威靈。《普曜經》說：「菩薩便從兜率天上垂降威靈，化作白象，口有六牙。」普賢所乘六牙白象，是表其大慈力也。《普賢觀經》曰：「六牙表六度（六種到彼岸方法，一佈施，二持戒，三忍辱，四精進，五禪定，六智慧），四足表四如意（四種禪定）。」《止觀》卷二謂普：「言六牙白象者，是菩薩無漏六神通。牙有利用如通之捷疾；象有大力，表法身荷負；無漏無染，稱之為白。」所以普賢所騎象，與自然界之動物象完全不同，也是一種象徵。

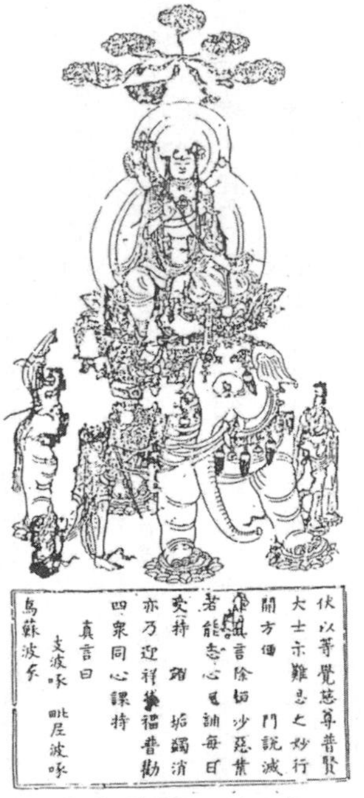

普賢菩薩（宋）

普賢峨眉道場

峨眉山最初被道士看中，成為道教的洞天福地，道教共有三十六洞天，峨眉山為第七洞天。傳說廣成子、呂洞賓、張三丰等，都曾在此修行過。有趣的是，中國四大民間傳說之一《白蛇傳》中的白蛇和青蛇，也被說成在此修煉成仙的。傳說今萬年寺下的白龍洞，即白娘子當初修煉的洞府；在白龍洞正門深峽的石筍峰下的黑龍潭，傳為青蛇修道之所。許仙被白蛇嚇死過去以後，白蛇帶著青蛇冒險來峨眉山盜仙草，救活了情人。這個美麗動人的故事家喻戶曉。

峨眉仙山後被和尚們看中，並且後來居上，逐漸把峨眉變成了四大佛山之一。最終還把道士們全部「送」下了山，峨眉幾乎成了佛門的一統天下。

峨眉何以成為普賢道場了?

這要歸功於經書的記載。《華嚴經・菩薩住處品》說：西南方有處名光明山，從昔以來，諸菩薩眾於中止住。現有菩薩，名曰賢勝（普賢），與其眷屬（指門人）三千人，常在其中而演說法。

佛家在此把「光明山」指為峨眉，因其山晝有「佛光」，夜有「聖燈」，一片光明。

《雜花經》亦稱：

「故我世尊等正覺而有方所，說經而有道場。普賢於道場等門化人天等眾，現相海於峨眉山中，密引世人，而通菩提覺性。」

還有一種說法，東漢永平六年（公元六三年），峨眉山隱士蒲公登山採藥，遇一野鹿，足跡如蓮花，蒲公「追之絕頂無蹤」，忽見奇麗佛光。蒲公特請教西來的印僧寶掌。寶掌答曰：「此是普賢祥瑞，於末法中，守護如來，相見現相於此，化利一切眾生。」另外兩個西域高僧也說此乃「普賢依本願而現相於峨眉山也」。後蒲公歸山而建普光殿。此說見明・胡世安《譯峨籟・宗鏡紀》和《峨眉山志》。

金頂「佛光」

根據清《峨眉山志》記載，從晉代起至清末一千六百餘年間，全山建有庵寺堂閣樓亭共一百七十座。佛教鼎盛的明代中期，峨眉僧眾達三千餘人，每天晨鐘暮鼓，此起彼伏，經久不息。與武當山金頂一樣，峨眉山的頂峰也因有一座銅殿（俗稱「金殿」）而得名「金頂」。銅殿建於明代萬曆年間，後可惜毀於雷火，但金頂之名一直沿用下來。峨眉金頂最有名的奇觀，要算「金頂佛光」了。

在晴朗無風，太陽斜射的午後，睹光台下滿佈雲海。這時，人們站在台頂邊緣，便可看見雲海之上呈現出一個虛若明鏡的彩色光環，好像佛頂上的寶光，自己的身影，正好映在寶光中間。這就是所謂「佛光」，佛教宣稱此為普賢菩薩在向世俗顯露自己「真相」，亦稱「佛現」。據說第一個見到佛光的人，即是前面提到的漢代蒲公。這裏是佛教聖地，當然要稱「佛光」，若是道教中心，自然會稱「道光」了。其實，這一奇觀並非什麼「佛光」或「道光」，而是大自然的一種折射光。

太陽的可見光是由七種色光組成，雲霧的構成是無數微小的水滴，陽光照在雲霧表面，便會因衍射分解為紅、橙、黃、綠、藍、靛、紫七色，投到後面雲層上，又反射回來，映入人們的眼簾，便是絢麗多彩的光環。光環中心的人影，則是陽光下的投影。雨後天晴，天際掛上一道彩虹，也是同樣的道理，只是在地面，無法產生峨眉之巔、雲海之上的奇觀。「佛光」的出現，是陽光、雲層和人體三者，同處四十五度斜線上時所產生的折射現象，這種景觀為他處所罕見，所以峨眉金頂佛光才更顯身價不凡了。每年有些人千里迢迢趕來這裏，一見「佛光」出現，便認為菩薩是在接引自己，遂毫不猶豫縱身跳去，自以為到了「極樂世界」，實際上白白斷送了生命，睹光台又成了「捨身崖」。

「佛光」出現時，因每人眼中見到的光環，只能映照出自己的黑影，一人一個，互不干擾。人靜影亦靜，人動影亦動，人舞影亦舞，令人驚喜不已。拋開其宗教色彩和神祕感，能親身領略這一大自然的奇觀，倒也是一種極好的精神享受。

觀世音菩薩

觀世音為佛國諸菩薩之首席，其在世俗的知名度和影響，決不低於佛祖釋迦牟尼，在有些階層中，如婦女信徒們對觀世音菩薩的崇拜，甚至超過了釋迦牟尼佛。「觀世音」這一名號，就很不同凡響。

何謂「觀世音」？

觀世音，是梵文Avalokiteśvara（阿婆盧吉低舍婆羅）的意譯，又譯作「光世音」、「觀自在」、「觀世自在」。因避唐太宗李世民的諱，略去「世」字，簡稱「觀音」，一直沿用至今。

「觀世音」是我國古代佛經翻譯家創造出來的一個名號，為什麼他們造了這麼個有些令人費解的怪名字？原來，這是根據佛經的說法：

觀世音以何因緣名「觀世音」？佛告無盡意菩

聖觀音　（正觀音）

薩：善男子，若有無量百千萬億眾生受諸苦惱，聞是觀世音菩薩，一心稱名，觀世音菩薩即時觀其音聲，皆得解脫。——（《妙法蓮華經‧觀世音菩薩普門品》）

若有眾生，遭億百千垓困厄、患難、苦毒無量，適聞光世音菩薩名者，輒有解脫，無有眾惱——（《正法華經‧光世音普門品》）

世有危難，稱名自歸，菩薩觀其音聲，即得解脫也。亦名觀世念，亦名觀自在也。——（東晉‧僧肇《注維摩詰經》）

也就是說，神通廣大的觀世音，在眾生受苦受難時稱誦其名號，就會「觀」到這個聲音，立刻前往解救。「觀世音」這個名字就顯示出這位菩薩的大慈大悲和神通無邊。聲音不用聽而一「觀」即知，是觀世音的「絕活兒」，應該屬於特異功能之類。觀音菩薩如此之「神」，其來歷又是如何呢？

《紅樓夢》第五十回中，李紈出了個謎面是：「觀音未有家世傳。打《四書》中一句。」最後讓黛玉猜到了，謎底是：「雖善無徵。」此語出《禮記‧中庸》：「上焉者雖善無徵。」意謂先王的禮制雖好，但無從證實。「徵」在這裏當「徵驗」、「證實」講。謎底的意思是指觀世音的來歷、生平不可考。

事實正是如此。觀世音同許多菩薩一樣，是大乘佛教構想出來的，故其來歷有種種說法。

婆羅門認為觀音是神馬駒

據印度婆羅門教的古經典《梨俱吠陀》記載，早在佛教尚未產生的公元前七世紀，天竺（今印度）已經有了「觀世音」。不過，那時的觀世音並不是人，而是一對可愛的孿生小馬駒，又叫雙馬童神。其形象是一對並肩相連的小馬，頭是兩顆明亮的星。有時為一對孿生兄弟，年輕漂亮，聰明靈巧，頭戴蓮花冠，坐著馬或鳥拉的金車，黎明時出現，駕車駛過天空。

雙馬童神是婆羅門教、印度教的善神，象徵著慈悲和善，神力宏大。它們能使盲人復明，病者康復，殘者健全，不育女生子，公牛產乳，朽木開花。牠們在當時的天竺受到了普遍信奉。《梨俱吠陀》中，有不少對雙馬童的頌歌。

公元前六世紀，釋迦牟尼創建了佛教，婆羅門教的善神雙馬童被佛教接納，成了一位慈善菩薩，叫「馬頭觀世音」。形象依舊是一匹小馬駒。後佛教徒把觀世音人格化，將其改為男人身，於是觀世音菩薩由一匹小馬駒而成為一位威猛偉丈夫。

馬頭觀音，又叫馬頭明王（天台宗則稱師子無畏觀音），後為密宗所傳六觀音之一。馬頭觀音的密宗造像形貌憤怒威猛，其勢摧伏妖魔。頭有四面，中間菩薩面，作慈悲顏；左邊為大瞋怒黑色面，狗牙上出；右邊作大笑顏面；中面頂上作碧馬

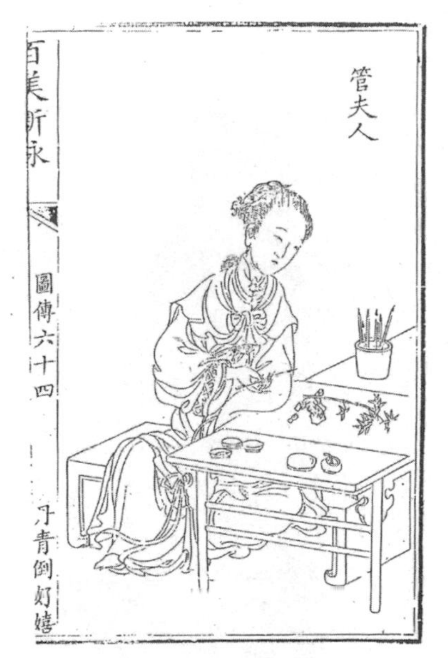

編寫《觀世音菩薩傳略》的官夫人（清）

頭。這種密宗觀音造像與漢地顯宗的觀音像十分不同，在藏族地區非常盛行。

觀音是「王子」

佛教還把觀世音說成是出身王家，是「金枝玉葉」。《悲華經》說：

有轉輪聖王，名無諍念。王有千子，第一太子名不眴，即觀世音菩薩；第二王子名尼摩，即大勢至菩薩；第三王子名王象，即文殊菩薩；第八王子名泯圖，即普賢菩薩。

楊枝觀音像（浙江普陀山制）（清）

太子不眴立下宏願，生大悲心，斷絕眾生諸苦及煩惱，使眾生常住安樂，為此佛給他起名叫觀世音。不眴父王無諍念後來成佛，為西方安樂世界無量壽佛，即西方極樂世界阿彌陀佛。不眴之弟尼摩也成為大勢至菩薩。以故，爺兒三人成為「西方三聖」，觀世音與其弟大勢至成為父親阿彌陀佛的左右脅侍。

還有的佛經把這兩位王子說成是蓮花所化生。《觀世音菩薩得大勢至菩薩授記經》云：「昔金光獅子遊戲如來國，彼國中無有女人。王名威德，於園中入三昧，左右二蓮花化生二子，左名寶意，即是觀世音；右名寶尚，即是得大勢（又稱大勢至）。」

觀世音由男而變女

觀音菩薩來到中國大陸安家落戶，是在距今一千七百多年前的三國時期，當時《無量壽經》已被傳誦。東晉時期，我國產生了一種祈求往生彌陀淨土即所謂西方極樂世界的思想，並產生了佛教重要宗派——淨土宗。傳為東晉高僧慧遠等創立，宣稱一心專念阿彌陀佛名號，死後即可「往生安樂國土」。唐初淨土宗十分盛行，信仰者不可勝數，當時有連續誦念《阿彌陀經》十萬至五十萬遍者，有的人誦念「阿彌陀佛」名號，一天竟念幾萬聲甚至十萬聲！（《佛祖統記》卷二十六）作為極樂世界第二大神的觀音菩薩自然也受到廣泛崇拜。

不過，對世俗來說，阿彌陀佛的地位太高了，不敢與他直接對話。比較起來，觀音菩薩要顯得平易近人，而他「觀」人「世」苦難之「音」，又似乎「隨叫隨到」，更令人感到可親可敬以及更可信賴。唯一不足的是，觀世音的性別多少使廣大女信徒感到遺憾。

南北朝時，佛教在中國發展迅速，其中出家的尼姑和在家的女居士人數驟增。不少上層婦女如北魏的靈太后等人，也篤信佛教。這就使「半邊天」們不禁產生了疑問：佛、菩薩、羅漢們全是男性，難道女人就沒有一點「門兒」了嗎？既然如此，女信徒何必皈依佛門？這樣，勢必會失去大批的婦女群眾。

按說，菩薩本無性別之分，男女均可，由於上面的原因，再加上慈母之愛、女性之美，更能打動凡心，佛教只好打破清規，向世俗讓步。歷史證明，西方的各路神明要想在中國站住腳根，就必須漢化、世俗化。因此，佛教必須塑造出一位女菩薩，以滿足廣大群眾（包括男信徒）的需要。

充當一位女菩薩，觀世音最有條件。佛經說他大慈大悲，能現三十三化身，救十二大難。其化身中，即有一些女身。《楞嚴經》云：

觀世音尊者白佛言：「若有女人好學出家，我於彼前見（現）比丘尼（即尼姑）身，女王身，國王夫人身，命婦身，大家童女身，而為說法。」

千手觀音　（清）

《妙法蓮華經·觀世音菩薩普門品》亦云：佛言：「觀世音見比丘尼身，優婆夷（女居士）、長者、居士、宰官、婆羅門、婦女身，童男、童女身，而為說法。」

以上顯示，觀音菩薩為了方便說法的需要可以變換性別，變換各種身分。後來為了女信徒的需要，觀音不再亦男亦女，而固定為一女性菩薩。這一改變深受世俗歡迎。比較起來，道教在塑造女性神上要比佛教高明一些，道教中的女神仙有王母，斗姆，各種老母、元君，天妃，麻姑，紫姑，何仙姑，還有名目眾多的娘娘，種類齊全，應有盡有，可滿足人們的各種需要。

觀音是何時由男轉女的？

明朝胡應麟認為，觀世音由男變女開始於元代。此說不妥。觀世音最初為男身。在我國早期的觀音造像中，如甘肅敦煌莫高窟的壁畫和南北朝時的雕像，觀音皆作男身，嘴唇上還長有兩撇漂亮的小駙子！《華嚴經》說善財童子五十三參時，到了普陀珞迦山參拜觀音，「見岩谷林中金剛石上，有勇猛丈夫觀自在，與諸大菩薩圍繞說法」。觀音是個「勇猛丈夫」，當然是男性。上文提到的《悲華經》中，說他是轉輪聖王的王子，《觀世音菩薩得大勢至菩薩授記經》說他是威德王之子，也都是男性。大約隋唐時期，觀世音已出現了女像。

佛教傳入中國後逐漸被漢化，觀世音經歷了四百餘年的演進，也逐漸異化，他的國籍、民族，乃至性別，全都按照中國人的想法「脫胎換骨」了。觀世音不僅成了中國人，還變成了漢族皇帝家的公主。

觀音菩薩成為漢家「公主」

早在北宋以前，就流傳著一種說法：不知是哪一國的莊王，他有三個女兒，最小的叫妙善，獻出了自己的手眼來救父親。

到了宋末元初，趙孟頫的夫人管道升在民間傳說的基礎上，精心編寫了一部觀世音的家譜——《觀世音菩薩傳略》，把妙善的傳說徹底神化和情節化。觀音傳大略說：妙莊王有三女，名妙因、妙緣、妙善（又作妙音），妙善即後來得道的觀音。三女都到了出嫁的年齡，妙莊王為她們擇婿，大女、二女很高興地答應了，但三女妙善死不同意，執意出家為尼。妙莊王大怒，把妙善趕出王宮。後妙莊王得了重病，危在旦夕。妙善遂變化為一老僧上奏：「非至親手眼方可醫得。」妙莊王覺得只有女兒是至親，便勸說大女、二女作出「犧牲」，但她倆如何肯獻出手眼?老僧說：「香山仙長濟度生靈，求他一定成。」

這位香山仙長即妙善修行而成。仙長自己斷手剜眼獻給妙莊王。妙莊王服之而癒，一見仙長沒了手眼，十分痛心，籲叩天地，請求讓仙長再長出手眼。少頃，仙長果然長出了手眼，並且一下長出了一千隻手、一千隻眼，這就是千手千眼觀世音菩薩。她與妙莊王暢敘父女之情，極其歡洽，妙善勸父王皈依佛門，修德行善，妙莊王高興地答應了。

十一面觀音　（清）

這是一個典型的宣傳佛教教化的故事，而且其中還融會了儒家的「孝」和道教的神仙思想（妙善修行為「仙長」），是儒釋道三教合流的產物。

後來有人乾脆把根本不存在的妙莊王說成是春秋時代的楚莊王，公主妙善以自己的手眼救活父王後，莊王命人在香山建寺，塑像全手全眼，但宦官誤聽，傳旨為「千手千眼」，於是塑出千手千眼觀音（妙善）像來。其實，佛教經典所說的千手千眼觀音的來歷，與上面的說法完全不同。

「千手千眼」如是說

千手千眼觀音又叫「千眼千臂觀音」，簡稱「千手觀音」，是密宗的六觀音之一。《千手千眼觀世音菩薩廣大圓滿無礙大悲心陀羅尼經》說，觀世音在過去「無量億劫」即極其遙遠的過去，聽千光王靜住如來說「大悲心陀羅尼」，即發誓要「利益安樂一切眾生」，於是身上長出千手千眼。千手表示遍護眾生，千眼則表示遍觀世間，都是大慈大悲、救苦救難的表現。

千手千眼觀音造像多是兩眼兩手下，左右再各有二十手，手中各有一眼，共四十手四十眼，分別配上所謂二十五「有」（即三界中二十五種眾生的生存環境），四十與二十五相乘，所得正好千手千眼。千手觀音多為立像，這是用了誇張的手法顯示觀音慈悲的無比廣大。

另有一種千手觀音實有千手，其典型造像為：

面有三眼，臂有千手，於千手掌各有一眼，首戴寶冠，冠有化佛。其正大手有十八臂，先以二手當心合掌，一手把金剛杵，一手把三戟叉，一手把梵夾，一手執寶印，一手把錫杖，一手拿寶珠，一手把寶輪，一手把開敷蓮花，一手把羂索，一手把楊枝，一手把數珠，一手把澡灌，一手施出甘露，一手施出種種寶雨，施之無畏，又以二手當臍右押左仰掌。其餘九百八十二手，皆於手中各執種種器仗等印。

千手觀音造像各地也不盡相同。

我國最大的木雕千手觀音是承德外八廟大佛寺（普寧寺）的大乘之閣千手千眼觀音。觀音立於蓮花寶座之上，頭梳髮結，身披袈裟，戴佛冠，赤雙足。共有四十二隻手，胸部的兩隻手合十，其餘四十隻各持種種法器。每隻手掌中心有一眼，加上面部三眼，共有四十三眼。此像高達二二．

二三公尺，重約一百一十噸，堪稱木雕觀音之最。它全部為木架結構，主要由十五根大木柱支撐，中間一根作為主幹直達頭頂。各柱之間，用橫豎圓木、鐵鉤等拉撐、加固，內部共有三層隔板。骨架外部附上厚木板，雕刻出漂亮的服飾衣紋。這尊特大觀音體形勻稱，造型精美，顯示了古人的高超技藝。

我國最大的銅鑄觀音是在趙雲趙子龍的老家——河北正定大佛寺（隆興寺）內。此像鑄於宋朝開國皇帝趙匡胤開寶四年（公元九七一年），高二十二公尺多，也是四十二臂。此像與滄州鐵獅子、趙州大石橋、應縣木塔，被譽為「華北四寶」。

千手觀音的千隻手如扇面形排列幾層，有如孔雀開屏一般，十分壯觀。畫人難畫手，有一本《畫手百圖》，收集了百幅畫手的圖，畫家能畫出姿態各異的一百隻手，已屬難得；古人要雕出姿態不同的一千隻手，太困難了！所以這些千手觀音造像堪稱藝術珍品。如四川大足石刻中的寶頂大佛灣之觀音殿，就有一尊著名的千手觀音。這尊觀音那些形態各異的一千隻手，佈滿了觀音殿的整個崖面，可謂鬼斧神工，令人歎為觀止。這尊千手觀音，是否恰好有一千隻手呢？

這引起了許多人的興趣，有些人站在像前點數，但正如北京盧溝獅子——數也數不清。於是包括清代考據學家張澍在內的有心人士，就用貼紙條的方式打算弄清手的數量。他們用一千張紙條去貼觀音的千隻手，滿以為數得清。其實不然，因為觀音的千手上下交叉，前後掩映，參差錯落，手上露手，手下藏手。貼紙條者一旦置身於「手海」之中，便「不識廬山真面貌」，頓覺撲朔迷離，眼花繚亂。不是漏貼，就是重貼，雖返復多次，也未數清。

解答此謎的是貼佛金的工匠。貼了金的手與沒貼金的手明顯不同，不會漏，也不會重。工匠們貼一隻記一數，貼完後的得數為：一千零七隻手，真是名副其實的千手觀音。

「大慈大悲」救世主

觀音的名號是「大慈大悲救苦救難廣大靈感觀世音菩薩」，是個救世主的形象。明代謝肇淛《五雜俎》卷十五稱：「佛氏之教，一味空寂而已。惟觀音大士，慈悲眾生，百方度世，亦猶孟子之與孔子也。」清代蒲松齡也說：「故佛道中惟觀自在（即觀世音），仙道中惟純陽子（即呂洞賓），神道中惟伏魔帝（即關聖帝君），此三聖願力宏大，欲普度三千世界，拔盡一切苦惱，以是故祥雲寶馬，常雜處人間，與人最近。」（《蒲松齡集‧關帝廟碑記》）

佛教標榜的「慈」「悲」，與世俗理解的「慈」「悲」是有區別的，有其特定的含意。佛教稱「與樂」為「慈」，「拔苦」為「悲」。所謂「與樂」（慈），是說佛、菩薩愛護眾牛，給予眾生歡樂；「拔苦」（悲）是說佛、菩薩憐憫眾生，拔除苦難。《大智度論》卷二十七稱：

大慈與一切眾生樂，大悲拔一切眾生苦。

《法華經‧譬喻品》說：

大慈大悲，常無懈倦，恆求善事，利益一切。

大慈大悲的觀音菩薩，充當著「救苦救難」救世主的角色。據《法華經‧普門品》，眾生遇到自然災害、社會苦難、種種煩惱、鬼怪之害等，只要呼喊一聲「觀世音菩薩」，觀音即會前來解救。魏晉南北朝時，戰亂頻仍，人民流離失所，生活極其痛苦，救苦救難的觀世音成了人們最大的希望和救星，故唐朝道宣說：兩晉南北朝「時經四百，觀音、地藏、彌勒、彌陀，稱名念誦，獲其將救者，不可勝紀」。（《釋迦方志》卷下）當時專記觀音所謂「靈驗」的專書就出了不少，如《光世音靈驗記》、《續光世音靈驗記》、《系觀世音應驗記》等。

觀世音以慈悲為懷，救世為旨，但她的慈悲有時太廣了。《北史‧盧景裕傳》載：北魏盧景裕被捕入獄，一心誦念《觀世音經》，枷鎖自脫。又有人負罪當死，「誦經千遍，臨刑刀折」。而觀世音《靈驗記》一類的書中，犯人因念《觀世音經》而「枷鎖自脫」、「鎖皆斷脫」、牢門自開的「靈驗」不勝枚舉。這些獄中囚徒情況十分複雜，有些確屬黑暗勢力的受害者，是冤獄；但其中也有不少是罪大惡極、十惡不赦的壞蛋。觀音若是對後者也大發慈悲，使他們逃脫懲罰，那些傢伙回到社會去，還不又是好人倒楣？

三十三身和三十三觀音

觀音菩薩與大勢至菩薩，作為西方極樂世界教主阿彌陀佛的左右脅侍，幫助佛接引眾生，合稱為「西方三聖」。據佛教說法，觀音為救助苦難生靈，不分貴賤賢愚、良善醜惡，有求必應。為了教化不同層次、不同環境的不同眾生，觀音為工作方便，常變化出不同的形象和身分，多達三十三種，稱「三十三身」。

三十三身包括：

(1)佛身
(2)辟支佛身
(3)聲聞身
(4)梵王身
(5)帝釋天身
(6)自在天身
(7)大自在天身
(8)天大將軍身
(9)毘沙門天身
(10)小王身
(11)長者身
(12)居士身
(13)宰官身
(14)婆羅門身
(15)比丘身
(16)比丘尼身
(17)優婆塞身
(18)優婆夷身
(19)長者婦女身
(20)居士婦女身
(21)宰官婦女身
(22)婆羅門婦女身
(23)童男身
(24)童女身
(25)天身
(26)龍身
(27)夜叉身
(28)乾闥婆身
(29)阿修羅身
(30)迦樓羅身
(31)緊那羅身
(32)摩睺羅伽身
(33)執金剛神身

後來佛教徒又根據觀音三十三身的說法，繪製了三十三種觀音菩薩的畫像，即「三十三觀音」，但三十三觀音的名目並非全來自三十三身，有的出典也不清楚，莫名其源。三十三觀音像深受民間群眾歡迎，這些步出寺廟走入民居的各式觀音像，至今還廣有市場，但她們除了被當作頂禮膜拜的偶像以外，還成了吉祥物和點綴家庭住室的藝術小擺設了。三十三觀音的名目如下：

(1) 楊柳觀音
(2) 龍頭觀音
(3) 持經觀音
(4) 圓光觀音
(5) 遊戲觀音
(6) 白衣觀音
(7) 蓮臥觀音
(8) 瀧見觀音
(9) 施藥觀音
(10) 魚籃觀音
(11) 德王觀音
(12) 水月觀音
(13) 一葉觀音
(14) 青頸觀音
(15) 威德觀音
(16) 延命觀音
(17) 眾寶觀音
(18) 岩頭觀音
(19) 能靜觀音
(20) 阿耨觀音
(21) 阿么提觀音
(22) 葉衣觀音
(23) 琉璃觀音
(24) 多羅尊觀音
(25) 蛤蜊觀音
(26) 六時觀音
(27) 普慈觀音
(28) 馬郎婦觀音
(29) 合掌觀音
(30) 一如觀音
(31) 不二觀音
(32) 持蓮觀音
(33) 灑水觀音

其中的楊柳觀音、白衣觀音、魚籃觀音、水月觀音、灑水觀音等，是民間十分熟悉的觀音造像。而魚籃觀音與馬郎婦觀音，其實一樣的。三十三觀音中，不能不了解馬郎婦觀音。

說來令人難以置信，這位「風姿窈窕」的馬郎婦觀音（即魚籃觀音），竟是專門救渡淫蕩男人脫離苦海的菩薩！

據佛經《感應傳》載：（唐）元和十二年（公元八一七年），菩薩大慈悲，欲化陝右，示現為美女子。人求為配，（女）曰：「一夕能誦《普門品》者事之。」黎明，徹誦者二十輩。女曰：

「一身豈能配眾？可誦《金剛經》。」至旦，通者猶十數人。女復不然其請，更授之《法華經》七卷，約三日。至期，獨馬氏子能通。女令具禮成姻，客未散而女死。葬之數日，有老僧杖錫謁馬氏，問女所由。馬氏引之葬所，以錫撥之，屍已化，唯黃金瑣子骨存焉，僧以錫挑骨，飛空而去。故有「馬郎婦」之稱。

《法華持驗》所云與上略同，但指出「有美豔女子挈籃鬻魚」。這就是所謂魚籃觀音、馬郎婦觀音或鎖骨菩薩的來歷。宋人葉廷珪說：

> 釋氏書：昔有賢女馬郎婦於金沙灘上施一切人淫，凡與交者，永絕其淫。死葬後，一梵僧來云：「求我侶。」掘開乃鎖子骨，梵僧以杖挑起，升雲而去。（《海錄碎事》卷十三）

魚籃觀音使男人們「永絕其淫」這是什麼絕招就不得而知了，但古典小說中卻有女人與男子交而取其精延年益壽的說法，苦了那些男子被弄得奄奄一息，確實「永絕其淫」了，不過這些女人都是狐妖鬼魅變化，與觀音慈悲度人當然不可同日而語。

這位葉廷珪是不是妄意編造，故意糟蹋聖潔的觀音？非也！重要的佛教經典《維摩詰所說經》等書中即明確肯定此類事：

不空羂索觀音　（清）

（菩薩）或現作淫女，引諸好色者，先以欲鉤牽，後令入佛智。（《佛道品第八》）

這是在為「施一切人淫」辯解，菩薩這種做法，最終是使男人們「入佛智」。但無論如何，魚籃觀音的這種「度人法」，是不大光彩的。所以，舊時一些高價妓女雅號為「賽觀音」、「小觀音」、「玉觀音」等，用意也決非是褻瀆菩薩。

《西遊記》中的魚籃觀音很有影響，觀音用魚籃收伏了通天河中的魚怪（其實是她蓮花池中養的一條金魚）。這是民間熟知的魚籃觀音，但非「真面目」。前述魚籃觀音之本來面目，可能會使許多人大吃一驚，不過聯想到密宗男女雙修理論，實在也不必大驚小怪了。

順便一提，觀音造形之多為佛教之冠，一些佛教宗派都有各自所傳觀音像。如天台宗「六觀音」為：大悲觀音、大慈觀音、師子無畏觀音、大光普照觀音、天人丈夫觀音和大梵深遠觀音；密宗「六觀音」為千手千眼觀音、聖觀音、馬頭觀音、十一面觀音、三目十八臂準提觀音和六臂如意輪觀音；藏傳密宗又有白觀音、紅觀音、四臂觀音和一面三目八臂或三面十臂不空羂索觀音等。一般殿堂供奉的端莊秀麗的觀音像，是所謂「正觀音」（又稱「聖觀音」）。

觀音道場普陀山

《西遊記》中，有多處描寫觀世音居住的海天仙境：孫悟空「急急離了瀛洲，徑轉東洋大海。早望見珞伽山不遠，遂落下雲頭，直到普陀岩上。見觀音菩薩在紫竹林中與諸天大神、夜叉、龍女，講經說法。」這裏「汪洋海遠，水勢連天」，「千層雪浪吼青霄，萬迭煙波滔白晝」，「山峰高聳，頂透虛空。中間有千樣奇花，百般瑞草」，「觀音殿瓦蓋琉璃，潮音洞門鋪玳瑁」。這些描寫並非全是吳承恩的想像與虛構，上邊提到的珞伽山、普陀岩、潮音洞、紫竹林等，都實有其地，即在浙江舟山群島中的普陀山上。普陀山與山西五台山、四川峨眉山、安徽九華山合稱為四大佛山，也是四大菩薩的四大道場。

觀音所住的普陀山，本在印度。《大唐西域記》第十〈秣羅矩吒國〉說：「秣剌耶山東有布呾珞伽山，山徑危險，巖谷敧傾，山頂有池，其水澄鏡，……池側有石天宮，觀自在菩薩往來遊舍」。這裏距中國有數萬里之遙，中國佛教徒如去朝拜太不方便，於是挑選了舟山群島中的一個小島——梅岑島，作為觀音成道和佈道的道場。

梅岑島風景秀麗，面積十二平方公里，被譽為「海天佛國」、「海上仙境」、「海上第一名山」。東漢的梅福曾來此煉丹修行，此山取梅福之姓，「岑」指小而高的山，故名「梅岑島」。唐時有一印度僧人來此自燔十指，「親睹觀世音菩薩現身說法，授以七色寶石，靈跡始著」（《四明志・昌國縣》）。於是梅岑島傳為觀音顯聖地。又傳說五代時日本僧人慧鍔從五台山得觀音像乘船返國，在此觸礁，即留像建寺，成為此山第一所寺院——「不肯去觀音院」。並把原

觀世音菩薩普門示現圖　（清）

山名改稱為「普陀山」（「普陀」與梵文「布呾」同音），原來的梅岑山反倒湮沒無聞了。

普陀山面積不大，卻擁有普濟、法雨、慧濟三大寺，八十八所庵院和一百二十八處茅篷，極盛時期常住僧尼三四千人，真是個海天佛國。觀音法會最隆重的有三次，是三個「十九」，即農曆二月十九觀音誕生日、六月十九觀音成道日和九月十九觀音涅槃日。每逢這三個日子，進山朝拜和求子的善男信女們人山人海。

「佛殿何必深山求，處處觀音處處有。」觀音崇拜最為廣泛，超過了佛祖。各地觀音廟不計其數，以北京為例，清代乾隆年間城內各種觀音寺多達一百零六座，僅次於關帝廟，數量居第二，可以說觀音寺院遍京城了。全國著名的觀音梵剎，尚有：福建廈門市五老山下南普陀寺（這是閩南觀世音主道場），黑龍江哈爾濱極樂寺，河北秦皇島觀音寺，北京頤和園智慧海，河南汝南縣小南海大士寺，雲南白族自治州羅剎閣，以及臺北市龍山寺等。

觀世音與文化藝術

大慈大悲、救苦救難的觀世音深受人們歡迎，被人們從殿堂的蓮花寶座上請了下來，讓她在戲曲舞臺上和小說寶卷中大顯神通，美名遠揚。

過去觀音戲不少，如《觀音救父記》、《慈悲菩薩惜龍南海記》、《觀世音修行香山記》、《觀音菩薩魚籃記》（《鯉魚記》）、《鎖骨菩薩》、《馬郎婦坐化金沙灘》等。《觀世音修行香山記》是演妙莊王之女妙善成道事，地方戲中《大香山》、《觀音得道》等戲，亦演此事。《觀音菩薩魚籃記》與魚籃觀音的典故和《西遊記》中收魚精的故事不同，是因果報應及衣錦還鄉、生旦團圓的俗套子。此戲改編為《追魚》，原來的反面人物鯉魚精，被塑造為一個為追求愛情而甘願捨棄天堂生活的多情女子。很多地方戲都演此戲，又名《碧波潭》、《碧波仙子》。越劇《追魚》還被拍成了電影，影響不小。

在許多神魔小說中，都有觀音菩薩出現，其中尤以《西遊記》最著名。專寫觀音事跡的有署名明代朱鼎臣的《南海觀音全傳》（又名《南海觀世音菩薩出身修行傳》），共四卷二十六回。清末曼陀羅室主人著《觀世音傳》，共四十回。民國初年江村著有《觀音得道》，共十八回。

專門說講觀音事跡的寶卷也有不少，如《香山寶卷》（又叫《觀音濟度本願真經》）、《魚籃寶卷》、《觀音金鑑》等。《魚籃寶卷》是寫金沙灘住戶作惡多端，觀音下凡來度他們。她變作妙齡女子去賣魚，轟動全村。惡人之首馬二郎要娶她為妻。她提出必須念熟《蓮經》，吃素行善。於是馬二郎和青年們都放下屠刀，念佛聲聲。她與馬結了婚，婚夕，她腹痛而亡。村人受她感化，當地成為「善地」。這類勸善寶卷對世俗，尤其是婦女，影響很大。

觀音傳入我國後，在繪畫和雕塑藝術上增添了一大題材，產生了大量藝術傑作。觀音造像歷代都有些變化，東晉前基本為男性，是位偉丈夫，絡腮鬍子長眉毛，以後出現了「非男非女」觀音，一臉女相，但有時又加上兩撇小鬍子。至唐以後，則多為女像，打扮絲毫不像出家人，倒酷似一位嫵媚溫柔的漢族貴婦人，有的甚至是亭亭玉立，漂亮多情的少女模樣。這實際融合了匠師們和人民的感情，世俗心目中的觀音菩薩有點像洋人心目中的聖母瑪利亞，雖然二位的「神跡」完全不同。元人畫的圓光觀音卻與眾不同，觀音整個一副鬼怪模樣，令人生畏，當屬密宗造型。

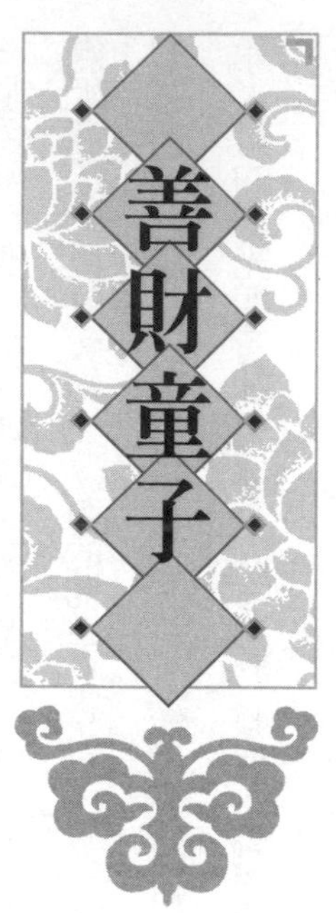

在一些著名大廟裏，比如杭州的靈隱寺、上海的玉佛寺、蘇州的西園寺裏，有一宏偉的海島塑像十分引人矚目。這是一大組最熱鬧最漂亮的群像。一般雕塑在大雄寶殿的佛座板壁之後，面對後門。也有另建一殿單獨供設的。

海島上塑造了數十個乃至一百五六十個人物，栩栩如生，表現的多是「善財童子五十三參」故事，也有表現觀音菩薩救八難之事。

海島中央是觀音的巨大塑像，她腳踏鰲魚，取「鎮壓」之意。據說人間地下有鰲魚，鰲魚一動，人間就會天翻地覆。故觀音用腳踏之，將其鎮壓住，使人間得以平安。觀音上面有地藏菩薩。最上邊是釋迦牟尼佛像，表現的是他在山間修道，過著苦行生活的情景。旁邊有白猿和麋鹿因受感動而獻果獻乳，佛陀吃後而得道。海島上還有文殊、普賢、十八羅漢、日光菩薩等，有的還塑造了濟公，托塔天王、二郎神，甚至唐僧、孫大聖、八戒、沙僧、紅孩兒、黑熊精等《西遊記》人物。

其中，最為醒目的，還要算是觀音兩邊侍立的兩個人物，左邊的一位是男身，他就是「善財童子」，也是觀世音的左脅侍。脅侍又作「脅士」，指立於佛兩脅的大士、菩薩。右邊的一位是女身，是觀音的右脅侍，叫「龍女」。

善財是個什麼人物呢？他怎會成為觀音的左脅侍呢？善財，是梵文Sudhana的意譯，又叫善財童子。是佛教菩薩名。據佛經所言，文殊菩薩住在福城東的莊嚴幢娑羅林中。當時「福城長者子有五百童子，善財其一也。」他為何叫「善財」呢？《大方廣佛華嚴經・入法界品》謂：「善財生時，種種珍寶自然湧出，故相師名此兒曰『善財』。」善者，多也。但他看破紅塵，視財產如糞土，認為萬物皆空，發誓修行成佛。

因為近水樓臺，善財就向文殊請教佛法。文殊說，你到南方可樂國去問功德雲和尚，他會告訴你；善財找到功德雲，功德雲說，你到海門國去找海雲和尚，他會告訴你；善財找到海雲，海雲又叫他去找善住……這樣一個接一個地找下去，共參拜了五十三位「善知識」（名師），歷盡了千辛萬苦，以其一片至誠之心和不怕碰壁、不辭跋涉的行動禁受了考驗，最後遇到了普賢菩薩，實現了成佛的願望。這是大乘佛教用來向信徒宣揚「即身成佛」的典型事例。

禪宗寺院觀音菩薩左邊置善財童子像，是取材其歷訪五十三位名師過程中，拜謁觀音從受教化的故事。善財在普陀珞迦山得觀音教化而示現為菩薩。為輔助觀音普度眾生，現童子身，為觀音左脅侍。海島群塑的右下角有一渡船和小孩，表現善財去參拜觀世音的情景；觀音為試善財是否有誠意，便化

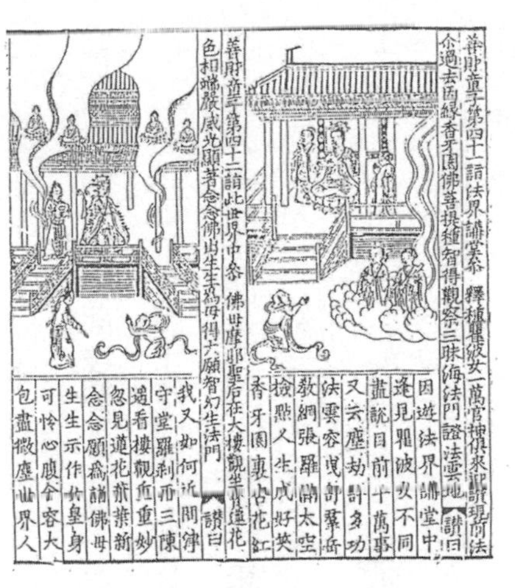

善財童子
（宋《佛母禪師文殊指南圖贊》）

身船夫，起大風浪，勸他回去。但善財決心渡海，毫不動搖，最後參拜了觀世音。

說來可笑，因其名為「善財童子」，一些凡夫俗子、民婦村姑，從字面理解，認為「善財」一定是善於理財，善於招財，於是將其作為「招財童子」、「送財童子」而頂禮膜拜。作為「童子」，婦女們便虔誠禮拜，求其投胎而得貴子。讓一位「萬物皆空」的佛門大士，「轉業」來做這種事，可謂妙不可言。

在《西遊記》中，善財童子被說成本是火雲洞聖嬰大王紅孩兒，即鐵扇公主與牛魔王的兒子。紅孩兒幾次設計捉住了唐僧，但唐僧肉終於沒能吃成，反被觀音菩薩收伏，做了脅侍善財童子，害得他母親鐵扇公主後來在火焰山，與孫猴打了一場。

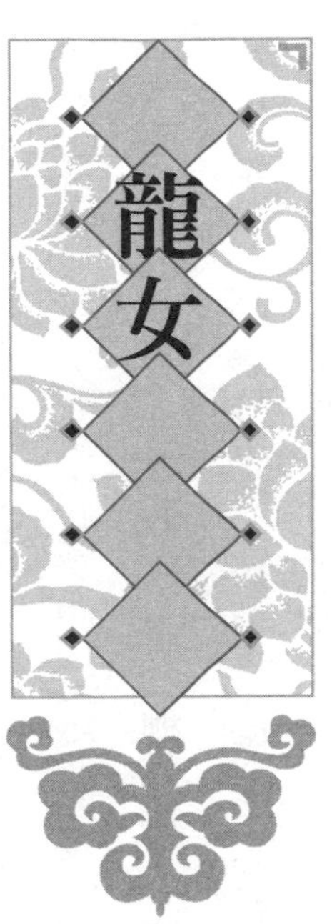

觀世音菩薩的右脅侍是位女性，即龍女。龍女的得道，與善財大不相同，說來令人難以置信，龍女的成佛竟是廣修供養、供佛及僧而得！

龍女本是佛教護法天神——二十諸天之一娑竭羅龍的女兒。龍女極為聰慧，年方八歲時，偶聽文殊菩薩在龍宮說法，頓然覺悟。遂至靈鷲山禮拜釋迦，以龍身成就佛道。一天，智積菩薩與文殊菩薩議論女人成佛事。智積問文殊道：「佛經甚深微妙，世所希有。眾生須勤加精進，苦苦修行才成。不過，有馬上成佛的嗎？」文殊答道：「有。娑竭羅龍王女兒剛八歲，悉能受持，深入禪定，了達諸法，於剎那頃，發菩提心，即能成佛。」智積大惑不解：「我見釋迦如來經過無數劫難，受盡磨煉，堅韌不拔，好不容易才成正覺。我不信這小丫頭刻之間，就能成佛！」話未說完，龍女忽然出現在眼前，向智積行禮——已見其本領不凡。當時在場的舍利弗（釋迦的「十大弟子」之一，敏捷多聞，善講佛法，為「智慧第一」）也很不平：「哼，妳一個小丫頭，怎能立即成佛？我決不相信。而且，女人身體垢穢，根本沒資格成佛！」

龍女笑而不答，馬上從懷中掏出一顆大寶珠，價值三千大千世界！龍女把寶珠獻給釋迦牟尼佛，釋迦牟尼佛馬上伸手拿了過來，十分高興。龍女回頭對智積和舍利弗說：「我獻寶珠，世尊馬上要了，這事快不快？」二位回答說：「快極了。」龍女說：「你們看我成佛，也是這樣快！」說罷，龍女當眾「忽然間變為男子，具菩薩行，即往南方無垢世界，坐寶蓮花，成等正覺」。（《法華品・提婆品》）舍利弗和智積看得目瞪口呆，不過，當著祖師爺的面，也不敢說三道四。

龍女為輔助觀世音普度眾生，又現女身，作了觀音的右脅侍。不過，龍女的名氣和影響遠不如善財大，她倒是沾了觀音菩薩的光，同樣享受著人間的香火。

除這位「洋龍女」外，中國也有自己的龍女，即神話中的龍王女兒，因為江河湖海皆有龍王，所以龍女也不止一位。至少在唐代，龍女就被民間所奉祀。唐代詩人岑參曾寫有〈龍女祠〉詩，詩中云：「龍女何處來，來時乘風雨。祠堂青林下，宛宛如相語。蜀人競祈思，捧酒仍擊鼓。」據說唐明皇曾經夢見了龍女，有感而作《凌波曲》，可見龍女當時之影響。

唐代李朝威寫了著名傳奇小說《柳毅傳》，使龍女的故事廣泛流傳。小說寫洞庭龍女遠嫁涇河小龍為妻，備受虐待，牧羊於河邊。應舉下第路過這裏的書生柳毅，為龍女傳書。由於柳毅的幫助，龍女脫離了苦難。二人幾經周折，終於結為夫妻。故事十分動人，影響很大。

龍女　觀音菩薩　善財童子（清）

元代尚仲賢即據此傳奇故事，創作了雜劇《洞庭湖柳毅傳書》。這一題材的古代戲曲還有不少，如元南戲《柳毅洞庭龍女》，明傳奇《傳書記》、《龍綃記》、《桔浦記》，清傳奇《乘龍佳話》等。現代各劇種中，也有不少《柳毅傳書》的戲。

同樣寫龍女故事的，還有尚仲賢與同時的李好古各寫了一齣《張生煮海》。劇情如下：書生張羽一天在寺中月下彈琴，遇龍女瓊蓮出遊，約他明年中秋海邊相會。遇毛女說明真相，贈其銀鍋、鐵杓、金錢，讓張羽舀水入鍋，置錢鍋中火煮，鍋內水減一分，海水乾涸十丈，龍王受困，便會求和。於是張生來到沙門島海邊煮海，龍王無奈，最後同意張羽與龍女婚配，有情人終成眷屬。

《柳毅傳書》與《張羽煮海》為元雜劇中，寫人與龍女婚姻的雙璧，劇情浪漫，文字優美，深受歡迎。清代作家李漁有《蜃中樓》傳奇，則是合此二者為一劇。

中國的龍女與觀音身旁的那位右脅侍完全不同，沒有絲毫佈道者的氣味，而是一位美麗善良、追求幸福愛情的姑娘。

地藏王菩薩

地藏是最後加入四大菩薩的行列的，與觀世音不同，地藏菩薩主要是救度地獄中所有的「罪鬼」，而觀音菩薩則以救度世間眾生為主，二位各有分工。

這位菩薩何以叫「地藏」？

「地藏」是梵文 Kṣitigarbha的意譯，音譯「乞叉底蘗婆」。「地」，指大地；「藏」，指儲藏、存有。這是說他如同大地一樣，含藏著無數善根種子。《地藏十輪經》稱其「安忍不動猶如大地，靜慮深密猶如地藏」，前句取一「地」，後句取一「藏」，故名「地藏」。地藏有一美稱：「大願地藏」，與文殊的「大智」、普賢的「大行」、觀音的「大悲」比較起來，毫不遜色。

地藏菩薩之大願

按佛教說法，地藏菩薩受釋迦牟尼佛

地藏王　閔公　道明　（清）

的託付，在釋迦寂滅後、未來佛彌勒下世前這一段「無佛世界」裏，擔當起教化六道眾生的重任，國不可一日無主，其職務相當於「代理佛」，地位和權勢極高，如同佛陀。《地藏本願經》又說，釋迦佛召地藏大士，令其永為幽冥教主，使世人有親者，皆得報本薦親，共登極樂世界。地藏受此重託，遂在佛前立下大誓願：「為是罪苦六道眾生廣設方便，盡令解脫，而我自身方成佛道。」說是一定度盡六道（地獄、餓鬼、畜生、阿修羅、人間、天上）眾生，拯救眾苦，直到地獄完全撤空，關門大吉，再沒有任何一個「罪鬼」受苦，自己才同意成佛。地藏的大願，倒有點「只有解救全人類，最終才能解救自己」的味道。

地藏菩薩的大願不可謂不崇高，可惜，按佛教的說法，六道輪迴永無休止，地獄哪有「關門」那一天？所以，地藏菩薩堪稱「大願」。

因其被佛陀封為「幽冥教主」，所以他捨棄了燦爛光明的天界，手持寶珠、錫杖，自願進入昏慘苦惱的地獄，超度「罪眾」靈魂，做著沒完沒了、永無盡期的教化工作。

地藏的打扮與其他菩薩有些相同，除通常菩薩形象外，還有剃和尚頭的地藏菩薩，因其被附會為新羅王子金喬覺和目犍連，故地藏多男身男相。

地藏的坐騎是一頭有點像獅子的怪獸。這頭地球上根本不存在的動物，有個雅稱：「諦聽」，又叫「善聽」。諦聽神通廣大，《西遊記》第五十八回說：

「原來那諦聽是地藏菩薩經案下伏的一個獸名。他若伏在地下，一霎時，將四大部洲山川社稷，洞天福地之間，蠃蟲、鱗蟲、毛蟲、羽蟲、昆蟲、天仙、地仙、神仙、人仙、鬼仙，可以照鑒善惡，察聽賢愚。」連玉帝、觀音都無法分辨的假猴王，諦聽趴在地上一聽，就察聽出來了，因陰曹地府無力擒拿，不敢說破，最後還是打發二猴去如佛那裏，才了結了這段官司。同文殊、普賢乃至觀音的來歷一樣，因其不是歷史人物，所以有了幾種不同說法。

地藏的來歷

地藏來歷有以下幾種說法。

一、**大願地藏**。如前所說，受命於佛陀入滅之際，出任「代理佛」，兼任幽冥教主。

二、**本為婆羅門女**。婆羅門為印度古代社會中最高貴的種性，婆羅門女自然也是高貴女子。《地藏菩薩本願經》說：有一婆羅門女，「其母信邪，常輕三寶（指佛、法、僧）」，不久命終，「魂神墮在無間地獄」。婆羅門女知母在地獄受苦，遂變賣家宅，獻錢財於佛寺供養。受覺華定自在王如來指引，遊地獄，求得母親得脫地獄。婆羅門女醒來方知夢遊，便在自在王如來像前立弘誓願：「願我盡未來劫，應有罪苦眾生，廣設方便，使令解脫。」釋迦佛告訴文殊說：「婆羅門女者，即地藏菩薩是。」

三、**地藏前身為目犍連**。《三教搜神大全》卷七載有此說：

「相傳王舍城傅羅卜，法名目犍連，嘗師事如來，救母於餓鬼群叢，作盂蘭勝會，歿而為地藏王。以七月三十日為所生之辰，士人禮拜。或曰：今青陽之九華山地藏是也。」

目犍連簡稱目連，為釋迦牟尼十大弟子之一，被稱為「神通第一」。目連救母的故事十分著名，遠比婆羅門女救母名聲大，大概因二人都曾遊歷過地獄，又都將地獄中受苦的母親解救了出來，推而廣之，「老吾老，以及人之老，幼吾幼，以及人之幼」，他們二位被附會為拯救地獄諸苦的幽冥之主。但按佛教的說法，目連最終只修得羅漢身。目連後遭橫死，根本沒能當上菩薩。

四、地藏是為金蟬子。《歷代神仙通鑑》卷十五中，太上老君對神仙們說：「（西域）王君愍及幽冥，欲救眾生於三惡道中，發大慈悲，身投十地，托生新羅國，為葉氏子，自幼出家，聖名守一，借老佛之法門，作陰司之寶筏。」舉手向地藏曰：「欲知王君，只此便是。」地藏合掌躬身。老君復謂曰：「君當為幽冥教主，作東土佛家首領，無庸謙讓也。」地藏稱謝，眾仙方悟為金蟬子也。

顯然，這是道家為抬高自己而貶低佛家的說法，既然佛祖都能為老子所「化」，地藏更不在話下，在老君面前當然得俯首貼耳了。

以上諸說儘管或多或少有些影響，但都遠不如「地藏為金喬覺」的說法影響深遠。

新羅王子為地藏

金喬覺生於唐武則天萬歲登封元年（公元六九六年），死於唐德宗十年（公元七九四年），享年九十九歲，這在當時是超凡入聖的壽命。據說他是朝鮮半島新羅國第七代國王金理洪的兒子，金理洪死時，金喬覺才六、七歲，由其叔父金興光承襲王位。可能是金喬覺小小年紀厭倦宮內生活，看破了紅塵，「自幼好道出家」（《九華山志》）。

正如金喬覺〈酬惠米〉詩中所說：「棄卻金鑾納布衣，修身浮海到華西。」他拋棄了舒適的宮廷生活，涉海來到中國，他選中了安徽九華山，趺坐在東崖岩上，苦行修煉。這時他雖已六十歲，但身體異常健壯，「項聳奇骨，軀長七尺，而力倍百夫。」（唐・費冠卿《九華山化城寺記》）金喬覺終日坐禪誦經，超度眾生。後被山民諸葛節發現，大為感動，於是到處募捐，「近山之人，聞者四集」，郡守張岩也施捨大量錢財，建成寺廟。張郡守還表奏朝廷，為新寺贈匾曰「化城寺」。

金喬覺成了化城寺祖師以後，仍苦行篤修，深為信徒敬仰。金喬覺學識淵博，能寫一手好詩，《全唐詩》中即收有他的詩作。據說李白漫遊九華山時，曾與金喬覺有過一段交往。李白寫的「賴假普慈力，能救無邊苦」（《地藏菩薩傳》），據傳是贈給金喬覺的。

金喬覺去世後，葬於神光嶺的月身寶殿，俗稱「肉身塔」。因其生前篤信地藏菩薩，而且傳說其容貌酷似地藏瑞相，人們便說他是地藏菩薩轉世。因其姓金，故稱「金地藏」，又因其原為王子，故又稱「地藏王」。「金地藏」的名稱來源尚有另一說。據《宋高僧傳》、《重增搜神記》等稱，金喬覺「趺坐函中，遂沒（歿）為地藏王」，過了三載，「開函視之，顏色如生，舁之，骨節俱動，若撼金鎖焉，隨（遂）名金地藏。」

南無地藏菩薩摩訶薩

金地藏　（清）

金喬覺被附會為地藏菩薩轉世，正如布袋和尚契此被說成是彌勒佛轉世一樣，完全是宗教的需要，信徒們的需要。佛經中的地藏菩薩儘管被描繪得無比崇高偉大，但畢竟是看不見，摸不著，有些虛無縹緲。如今把九華山當成地藏顯化說法的道場，與其他三大菩薩道場一樣，是把佛教天國世俗化，縮短人、神之間的距離，使千萬信徒更有真實感、親切感、虔誠感，可與菩薩們直接「對話」，深受廣大信徒歡迎。佛門弟子及其理論家們何樂而不為呢？

九華山地藏道場及其「肉身塔」

北京西山佛牙塔中的佛牙，陝西扶風縣法門寺的佛指骨，北京雲居寺雷音洞、五台山大白塔等地的佛舍利，在信徒們心目中是崇高無比的佛寶，如能親睹一眼，即為三生有幸，認為見到了釋迦牟尼的這些遺留，就如同親眼見到了佛祖一般，當然無比榮幸。同樣，布達拉宮內裝有達賴肉身的金靈塔，極受藏人的崇拜。九華山的「肉身殿」自然也聞名遐邇，備受善男信女們敬仰。

肉身寶殿，俗稱「肉身殿」，又稱「肉身塔」，坐落在神光嶺（老爺頂）上，為佛教徒朝謁九華聖地的主要場所。這裏因主供地藏菩薩，故與一般佛寺不同。第一重為靈官殿，相當於山門。靈官本為道教護法神，被請來這裏守護地宮冥府。靈官共有三位：王靈官、馬靈官、趙靈官。靈官殿之後為十王殿，供十殿閻羅。地藏因為幽冥教主，級別又是高級菩薩，故地位在閻王爺們之上。這裏的地藏像與眾不同，身軀高大，骨瘦如柴，是其苦修生活的真實寫照，這在地藏造像中可謂獨一無二。地藏居正中首位，兩廂十殿閻王皆王袍冠冕，順序而坐。案前有各式小塑像，表現「生死輪迴」和種種地獄。可惜，「破四舊」中，十王殿被人放了一把大火燒掉了。

再往上即肉身寶殿。金喬覺圓寂，三年後開缸安葬，據說其遺體綿軟，顏貌如生，撼其骨節有金鎖般響聲。這些特徵，就是所謂菩薩應世。於是建立三級小浮圖供奉。又傳說塔基在夜晚放光，稱為「圓光」，此地亦被稱為「神光嶺」。明朝萬曆年間，朝廷賜金擴建，並賜名「護國肉身寶塔」。三級石塔，外築高殿、木塔籠護。

肉身殿的殿頂十分奇特，全部由鐵瓦覆蓋。殿台平台下，有陡峻的石階八十四級，取「九九八十一」再加三級之數。宋代詩人陳清隱寫詩道：「八十四級山頭石，五百餘年地藏墳」。塔北門廊下有一副對聯，寫著地藏菩薩的大願：

眾生度盡，方證菩提；
地獄不空，誓不成佛。

農曆七月十五日傳為地藏生日，七月三十日則是其成道日。逢這兩天，成群的朝拜信徒蜂擁塔下，膜拜上供，有些虔誠的善男信女還要通宵達旦地「守塔」，繞塔誦經。

九華山的地藏殿中，地藏王的兩旁還塑有兩位脅侍，這二脅侍是父子倆，父親本為此地山主，叫閔公。據說閔公樂善好施，請地藏赴齋，地藏向閔公求一袈裟大的地盤，作為棲息之所。閔公當然答應。不料地藏將袈裟一抖，竟將全山罩住了，所以九華山成為地藏道場。後閔公父子皆出家，成為地藏左右脅侍。

唐代，九華山成為地藏道場以後，至明清兩代達到鼎盛。當時建有佛寺三百餘座，以祇園、東岩、萬年、甘露四寺為著，號稱「九華四大叢林」。全山擁有僧尼五千，朝山香客年達數十萬。如今尚存寺廟七、八十座，佛像一千五百餘尊，成為著名的旅遊勝地。

九華山上還有一座肉身塔，即摩空嶺上的百歲宮，明朝大曆年間，河北宛平僧海玉（法號無瑕禪師）在此結茅而居，活了百餘歲而逝，死前囑弟子三年後啟缸。屆時海玉跏趺坐於缸中，顏面與生時無異，遂將肉身裝飾為金像，建塔供奉。後擴建百歲宮，無瑕和尚的肉身移至殿內供奉，崇禎帝封其為「應身菩薩」。無瑕禪師肉身至今仍保存完好。

十二圓覺

在四川「石刻之鄉」大足縣大佛灣，有一聞名於世的石窟——圓覺洞。洞門甬道內左壁上方，橫刻「報恩圓覺道場」六個尺方大字。

全窟主像為三身佛，位於正壁中部，均著袈裟，結跏趺坐於蓮座之上。正中為法身佛，即毘盧遮那佛，頭戴高花冠，冠外露出少許螺髻，冠中有一小坐佛，由小佛頂上化出毫光二道。毘盧遮那佛雙手在胸前結印。佛的蓮台下是須彌座，座下為一蟠龍，龍頭朝外，龍下為基座。

毘盧遮那佛的左側應為報身佛盧舍那佛，但實際雕鑿的是阿彌陀佛，所以有些人把這裏的三身佛，誤認是三世佛。阿彌陀佛頭有螺髻，無冠，雙手在腹前結印。毘盧遮那佛的右側是應身佛釋迦牟尼佛，頭有螺髻，亦無冠，雙手在腹前捧缽。

三身佛皆為丈二金身，身後壁上雕有瑞雲背光，並有山水、雲海等裝飾。

清靜慧菩薩　（清）

窟內在三身佛的兩側壁前，各刻有六尊菩薩，均頭戴高花冠，身著薄紗裙，胸有密集瓔珞，坐於四腳金剛座上。每一金剛座前皆雕飾錦緞樣織物，座前有衣、帶重下，頗具質感。十二菩薩頭上方還各升起一朵祥雲，雲中有一小佛像，或坐或立。十二菩薩多為結跏趺坐式，身後均有不規則祥瑞之背光，各菩薩手式也不同。

這些造像為宋代作品，刻畫細膩，造型優美，裝飾性強。整個圓覺洞就是一件大型的石雕藝術珍品。洞中的十二個菩薩即十二圓覺，這窟「圓覺道場」，是佛經故事的形象化。按照佛門說法，佛是「徹底覺悟者」，而菩薩則是「自覺覺他者」，即自己覺悟還要使眾生覺悟。但菩薩還缺佛所具有的「覺行圓滿」，所以比佛還差著一級。但菩薩於未來可成就佛果，只要不懈努力達到「覺行圓滿」——徹底覺悟，完美無缺，即可成佛。據大乘佛教的說法，一切覺行圓滿者都是佛，三世十方，到處有佛，其數如恆河沙子，不可勝數。至於菩薩，更是不計其數了。明成祖朱棣曾以自己名義編撰了一部《御製諸佛菩薩神僧名經》，收錄佛、菩薩名稱數以萬計。

菩薩之名雖多到不可勝記，但最為著名的有顯教的四大菩薩（文殊、普賢、觀音、地藏）、密教的八大菩薩（文殊、普賢、觀音、地藏、彌勒、虛空藏、金剛手、除蓋障）等。十二圓覺也是密宗崇奉的著名菩薩群體。其中有些重要的菩薩是重複的。

圓覺，有「圓滿的覺性」之含意，所謂「圓覺淨性，現於身心，隨類各應」（《圓覺經》）。其實就是指斷絕了一切煩惱，往生清淨佛國，「依圓照清淨覺相」，方能成佛。據唐代僧人佛陀多羅所譯《大方廣圓覺修多羅了義經》稱：

一時婆伽婆入於神通大光明藏三昧，正受一切如來光嚴住持。是諸眾生，清淨覺地，身心寂滅，平等本際，圓滿十方，不二隨順，於不二境，現諸淨土，與大菩薩摩訶薩十萬人俱。

又稱：

無上法王有大陀羅尼門（咒語），名為圓覺，流出一切清淨、真如、菩提（梵文的音譯，意思是「覺」、「智」）、涅槃及波羅蜜（度，到彼岸）教授菩薩。一切如來，本起因地，皆依圓照清淨覺相，永斷無明（指愚癡——不懂佛理），方成佛道。

十二位菩薩次第向世尊請求因地修證的法門，佛一一作了解答。十二菩薩是問佛大乘圓覺清淨境界修行的法門，因而稱之為十二圓覺菩薩。

這十二位大士的名稱如下：

文殊師利菩薩　普賢菩薩
普眼菩薩　金剛藏菩薩
彌勒菩薩　清淨慧菩薩
威德自在菩薩　辯音菩薩
淨諸業障菩薩　普覺菩薩

十二位大士是在向佛祖請教修成圓滿正果的靈覺之道，在向「覺行圓滿」即成佛的最高境界而努力。《紅樓夢》第一百二十回空空道人對女媧補天未用之石（幻形入世為賈寶玉）下凡歷劫一番後，點頭歎道：「方知石兄下凡一次，磨出光明，修成圓覺，也可謂無復遺憾了！」這是作者對賈寶玉掙脫塵俗、出家修行求正果這一結局的讚賞和肯定。

圓覺道場是以毘盧遮那佛（大日如來）——密宗第一祖，為主尊的。密宗所著《圓覺經修證儀》卷一談到圓覺道場要以毘盧遮那為主尊，旁設藥師佛、阿彌陀佛、文殊、普賢，「目睹心想，至誠禮拜」。先前提到的四川寶頂山圓覺洞，大致就是按《大方廣圓覺修多羅了義經》（簡稱《圓覺經》）雕造的，但有些變化。三佛前供桌前還雕有一菩薩，頭略低垂，雙手合十，跪於蓮台之上。這位菩薩的衣飾面貌，與兩側壁的十二圓覺完全相同，表示她為十二菩薩之化身，在輪流向佛求修圓覺清淨境界的法門。

十二圓覺塑像在寺廟中還不算少見，杭州靈隱寺大雄寶殿內是著名的一座。殿內六丈高的釋迦牟尼佛祖兩側拱衛著二十諸天，後面則趺坐著十二圓覺。但十二圓覺最為精絕的，還要屬山西長子縣的法興寺及山西隰

圓覺菩薩　（清）

縣的小西天（千佛庵）彩塑。法興寺十二圓覺彩塑為北宋作品，迄今已有九百餘年歷史，小西天的十二圓覺為明末精品。本來，寺廟中的神像因受教義的限制而有一定的格局。但法興寺的十二圓覺大士突破了這一局限，塑像皆為美麗善良的女性形象，面相俊美，神態自然，頗富人間生活氣息。圓覺們分別坐於束腰基座上，赤足蹬踏蓮蒂，或正或側，姿態優雅。頭上無髮冠，髮髻外露，髮型自前向後鬈曲而豎起，髮絲縷縷可見。可謂形神兼備，光彩奪目。

諸天

在北京西郊著名的法海寺裏，有著稱於世的雕像和壁畫，而最負盛名的是五百多年前的九鋪明代壁畫。其中，在三世佛塑像的左右兩壁上，繪製著三十餘眾的「禮佛護法圖」。這隊以諸天為主聯翩結伍的禮佛圖，畫得澤飛彩舞，繽紛照人。眾多人物，形態各異。有的雍容華貴，有的威風凜凜，有的赤膊剛健，有的甲冑鮮明，加之採取「疊暈」烘染畫法，用了「描金」和朱砂、石黃等重色，把環境渲染得雲煙飄渺、莊嚴肅穆。遊人至此，無不屏息靜觀，歎為精絕。

「諸天」為何神?

「諸天」即二十天，又叫二十諸天。為佛教護法神。二十天本是古印神話中罰惡護善的二十位天神的神名。佛教採用其說，用為護持佛法的神。這二十諸天的大名為：(1)、大梵

二十諸天護佛祖　（清）

天王；(2)、帝釋天；(3)、多聞天王；(4)、持國天王；(5)、增長天王；(6)、廣目天王；(7)、金剛密跡；(8)、摩醯首羅（大自在天）；(9)、散脂大將；(10)、大辯才天；(11)、大功德天；(12)、韋馱；(13)、堅牢地神；(14)、菩提樹神；(15)、鬼子母神；(16)、摩利支天；(17)、月宮天子；(18)、日宮天子；(19)、娑竭羅龍王；(20)、閻摩羅王。

以上即寺廟供奉的二十諸天，簡稱二十天。

隋朝智者大師依據《金光明經・功德天品》，制定了《金光明三昧懺法》，為天台宗的四種三昧法之一。後代據此簡略成《齋天科儀》，為寺廟中祭天的儀軌，依《金光明經・鬼神品》等所說，選定了二十位天神，成為「二十天」。所謂「天」，乃神之異名，「外國呼神亦名為『天』」（《金光明經疏》）。元文宗時，釋慧光每歲元旦修此懺儀。

到了明代，又增入了四位天神，使諸天的隊伍擴大為「二十四天」，其中三位竟是道教神明。第二十一位：緊那羅。這位是天龍八部之一。第二十二位：紫微大帝。第二十三位：東嶽大帝。第二十四位：雷神。

有人認為諸天「還沒有成佛，也不屬於正規的佛門人物如菩薩、羅漢等系統。也就是說，他們不是出家人，而是在家的『神』」。這種說法不大妥當，諸天中有些為佛教中之流行神，如四大天王、韋馱、鬼子母等，雖是佛教傳說中的人物，但皈依佛教而榮列為護法神是十分明確的，他們都是「正牌」的佛教天神，並非「在家的『神』」，屬於正規的佛教天神系統。

如今南方有些寺院，尚有舉行「供天」（又稱「天供」，即供養諸天）儀式的。山西寶寧寺藏有明代水陸畫一百餘幅，其中即有諸天像，諸天形象描繪生動，極其傳神，是珍貴的宗教藝術品。

大梵天王

大梵天王是梵文Brahma的意譯。他是由印度教和婆羅門教的「梵」的觀念衍化而來。「梵」的意思是「清淨」、「離欲」，被說成是不生不滅、無所不在的最高主宰、創世主。又叫大梵天。他與保護神毘濕奴、破壞神濕婆並稱為婆羅門教、印度教的三大神，並為三大神之首。

據成書相當於我國秦漢之際、婆羅門教法典《摩奴法典》和古印度史詩《摩訶婆羅多》等所記古印度神話傳說，宇宙出自飄流在混沌中的梵卵，梵天本是梵卵中的金胎，在茫茫混沌中飄流了一年後，用意念的神力將卵殼破為兩半，一半為天，一半為地，天地間出現了氣體空間，以後又出現了水、火、土、氣、以太五要素，再以後出現了眾神、星辰、時間、高山、平原、河流，出現了人、語言、情欲、憤怒、歡樂、懺悔，最後梵天自身也一

大梵天王

分為二，一半為男、一半為女，他還創造了一切生物妖魔。一切秩序都受梵天控制，他自身就是一切存在的化身。

梵天的生命超過其他一切神的生命。他的一天等於人間世界存在的全部時間，所以他活上一百梵天年，就等於31×10兆年，地球的壽命大約有一百億年，就是說相當於地球從生成到毀滅要經歷三萬多次！這真是無法想像的遙遠無期的漫長歲月。

梵天的形象是紅色，有鬚，坐在蓮花座上。他原有五個頭，但與女兒亂倫後被另一大神濕婆砍掉了一個。剩下的四個腦袋面向四方。有四個身子、八隻手，分別拿著吠陀經、權杖、盛著恒河水的水碗、蓮花、珠項鍊和弓等。他的坐騎是一隻天鵝，或是七隻天鵝拉的車子。梵天住在須彌山的最高峰。

印度社會中獨有的極不公平的種姓制度，也是當初統治階級利用梵天神話，而找到的「理論」根據。

公元前十四世紀，雅利安人征服並佔領了印度，以此，印度開始向階級社會過渡，社會上出現了等級分化。大約三千年前，印度產生了種姓制度，即把人分為四個不同等級：一、婆羅門即僧侶等，為第一種姓，地位最高，從事文化教育和祭祀。二、剎帝利即由部落首領和貴族組成的武士階層，為第二種姓，地位次於婆羅門，從事行政管理和打仗。三、吠舍即平民，為第三種姓，經營商業貿易。四、首陀羅即被雅利安人征服的土著居民，為第四種姓，地位最低，從事農業及各種體力和手工業勞動等。

雅利安人建立的國家中，婆羅門教佔統治地位，他們創造出大神造物主梵天後，為了鼓吹種姓制度的合理性，又借梵天名義編造了一種神話：梵天在創造世界時，用口生出了掌握神權的婆羅門，用雙臂生出了掌握軍政大權的剎帝利，用雙腿生出了專事農、牧、工商的吠舍，最後用骯髒的腳造出了首陀羅。因此，四種種姓生來就是不平等的，而且永遠也不可能平等；只有不平等，才能保證社會的安寧。於是這套理論就為不平等的社會披上了「合理」的「神聖」外衣。

大梵天雖為古印度三大神之首，著名的十八部《往世書》（為印度古代神話傳說集，是印度教的重要經典）排在第一部的即是《梵天往世書》，但他在三大神中的地位卻最低。大梵天既然是個創造宇宙萬物之神，那麼一切魔鬼、災難、惡人之類，亦為其所創造，而他除了能創造的功能外，沒有任何降伏惡魔的本事。這樣一來，他既是偉大的造物主，又是「萬惡之源」，故其崇拜者並不多。說來可憐，如今在印度，崇祀他的廟宇只有一座，在拉賈斯坦邦。佛教產生後，梵天被吸收，充當護法神，當上了釋迦牟尼佛祖的右脅侍，手持白拂塵。他又是色界初禪天之王，稱「大梵天王」，是佛教天部護法神中重要的一位。

大梵天王造像有二臂像和四臂像。前者為一面雙臂，手持蓮花、拂塵。也有三面雙臂像。四臂像則有四面，每面各有三目，手持蓮花、澡瓶、拂塵等，還有一手作施無畏手印。佛教傳入中國後，梵天與其他佛教諸神一樣漸被漢化，在中國寺廟中其形象多為中年帝王形象，手持蓮花。在水陸畫中，大梵天王為雍容華貴的道地的中國帝王模樣，身後有輔臣簇擁。

帝釋天

帝釋天又稱「帝釋」、「天帝釋」全名為「釋迦提桓因陀羅」，梵文Śakra。其中「釋迦」的意思是「能」，是其姓；「提桓」意為「天」，「因陀羅」意為「帝」；合起來即「能天帝」、「天帝」。帝釋原為古印度吠陀神話中的一位大神。

吠陀神話是印度上古神話，主要保存在印度最古老的文獻《梨俱吠陀》中。《梨俱吠陀》的成書時間大約在公元前二〇〇〇年~公元前一五〇〇年。這個時期，游牧民族雅利安人侵入印度，他們征服土著居民後，在印度河和恆河兩河流域定居下來。他們崇尚祭祀，祭祀時要吟誦許多頌神的讚美詩。《梨俱吠陀》便是這些頌神詩的匯編，另外還有些祭詞和咒語。《梨俱吠陀》後來成為婆羅門教、印度教的重要經典。帝釋是《梨俱吠陀》中的主神，稱他統治一切，被尊為「世界大王」。

佛教產生於公元前五、六世紀，它是與婆羅門教相對抗的宗教派別。早期佛教反對婆羅門教的種姓至上、祭祀至上和天神至上。但佛教並不否認天神的存在，它把天神作為一切有情（眾生）的一個組成部分。所以，一些吠陀神祇、婆羅門教神祇也被佛教吸收，但他們的身分和神性有了很大變化，大多成了佛教護法神，地位比原來低了許多。

帝釋成為佛教護法神後，被安排作了忉利天之主，居住在須彌山頂之善見城。須彌山本為印度神話中的山名，這是一座巨大無比的金山，是宇宙的中心；是日月星辰賴以轉動的軸心。須彌山的說法亦為佛教沿用。傳說山高八萬四千由旬，「由旬」是古印度計算距離的單位，一由旬有三十里，須彌山即高達二五二萬里，相當於地球到月亮距離的三倍，或者相當於二百多個地球摞起來的高度，可謂高矣！

須彌山頂中央為帝釋所住的帝釋天，四方又各有八天，共三十三天。據《俱舍論》卷十一稱，須彌山頂的四角各有一峰，上居金剛手夜叉來為此天站崗守衛。山頂上有座天宮叫「善見」，是帝釋的住處。須彌山的四面山腰為四天王天，住著四大天王（中國民間俗稱四大金剛），周圍又有七香海、七金山，再外環繞著鹹海，鹹海四周即四大部洲。

帝釋天　（清）

照佛教說法，任何行善積德之人，皆可轉生為帝釋天。帝釋天以人間百日為一日，壽長一千歲，即合人間十萬年。《佛本生經》中就有一些樂善好施者，死後轉生為帝釋天的故事。佛教傳說，釋迦牟尼本人在前生的輪迴中就曾三十多次轉生為帝釋天。

佛經《雜尼迦耶・天雜品》說，帝釋天的前生是個叫摩伽的婆羅門，故他又叫「摩伽婆」；帝釋天前生聰明智慧，一瞬間能考慮千種事，這種了不起的超常本領，被譽為「千眼」。

帝釋天當上了欲界忉利天眾神之王，王宮的設備自然也極其富麗堂皇，他的白色華蓋據說就有五由旬大，即直徑有三百里大，真不知小神們如何打起這把有幾個北京城大的大涼傘來！他身邊的侍女也多得不得了，有二五〇〇萬天女陪伴，相當於北京和上海人口的總和。帝釋天是天上和人間的道德維護者。如果天神違犯天規，他便予以懲罰；要是人間出現暴君，他也會去除暴安良。

在佛教神話中，帝釋天的最重要職責是保護佛祖、佛法和出家人。在釋迦牟尼誕生和出城時，帝釋與梵天等神出現，向幼年、青年的佛陀行禮。佛陀在菩提樹下修道時，惡魔向他進攻，擾亂他的禪思。帝釋吹響貝螺，保護佛陀。佛陀解除瘟疫時，他從旁協助驅逐惡魔。佛陀生病時，他持缽侍候。佛陀涅槃時，他又現身，悲哀地念誦頌詩。他還保護佛陀遺骨舍利子。

帝釋的形象頭戴寶冠，身上裝飾種種瓔珞。手持杖或杵。在中國寺廟裏，帝釋天為少年帝王像，而且是男人女相。在水陸畫中，帝釋天完全是一副中國后妃模樣。

四大天王（四大金剛）

佛教王國裏名氣最大的神將，恐怕要屬四大天王了，四大天王俗稱「四大金剛」。他們四位在天王殿中享受供奉。說起四大天王的來歷，不能不先介紹一下佛教的宇宙空間觀念。

佛教吸取印度古代神話傳說和古印度教中關於「天」的種種說法，提出「三界」說。三界即欲界、色界、無色界，世間一切「有情眾生」皆在三界中「輪迴」不已。只有達到涅槃境界成佛，才能超脫三界之外，升入不生不滅的西方淨土「極樂世界」。三界中欲界為最低一界，人類社會居此界，地獄、餓鬼、畜生居此界，諸天神亦居此界。不過，天神住在此界天上，天有六重，即「六欲天」，第一重叫「四天王天」，離人世最近。這裏就是四大天王的住處。

佛經說，四天王天就在著名的須彌山山腰，那裏聳立一座犍陀羅山，此山有四山峰，稱須彌四寶山，高三百三十六萬里。「四寶所成，東面黃金，西面白銀，南面琉璃，北面瑪瑙。天王各居一山。」（《集說詮真》）四天王的任務是各護一方世界，即佛教說的須彌山四方的東勝神洲、南瞻部洲（中國在此洲）、西牛賀洲、北俱盧洲。故四大天王又稱「護世四天王」。四天王各有九十一子，輔佐四天王守護空間十方，即東、西、南、北、東南、西南、東北、西北以及上、下。四大天王手下又各有八位大將，幫助管理所屬各處山河、森林以及地方上的小神。眾大將中居首位的是韋馱，專門保護出家人，因此備受僧尼尊崇（詳見韋馱一節）。

四大天王的名稱及形象為：

東方持國天王，名多羅吒，身白色，穿甲冑，手持琵琶。多羅吒是梵文的意譯，意譯「持國」。「持國」意為慈悲為懷，保護眾生。他住須彌山黃金埵，是主樂神，故手持琵琶，顯示他要用音樂來使眾生皈依佛教。

南方增長天王，名毘琉璃，身青色，穿甲冑，手握寶劍。「毘琉璃」是梵文的音譯，意譯為「增長」。「增長」意為能傳令眾生，增長善根，護持佛法。他住須彌山琉璃埵，手持寶劍，為的是保護佛法，不受侵犯。

西方廣目天王，名毘留博叉，身白色，穿甲冑，手中纏繞一龍。「毘留博叉」是梵文的音譯，意譯即「廣目」。「廣目」意為能以淨天眼隨時觀察世界，護持人民。他住須彌山白雲埵，為群龍領袖，故手纏一龍（也有的作赤索），看到有人不信佛教，即用索捉來，使其皈依佛教。

北方多聞天王，名毘沙門，身綠色，穿甲冑，右手持寶傘（又稱寶幡），左手握神鼠——銀鼠。「毘沙門」為梵文音譯，意譯即「多聞」。

「多聞」比喻福、德之名聞於四方。他住須彌山水晶埵，手持寶傘，用以制服魔眾，護持人民財富。

四大天王中最得意者是北方多聞天王毘沙門。他是古印度教的一位天神，又名施財天，在印度古神話中他

《封神演義》中之魔禮清　（清）

既是北方的守護神，又是財富之神，是一位「大財神爺」，故其在四天王中信徒最多。敦煌壁畫中的毘沙門畫像，在他渡海佈道之際，常常散下金錢財寶。

毘沙門天王的極顯是在唐代。傳說，天寶元年（公元七四二年），安西城（今新疆庫車縣）被蕃兵圍困，有表請兵救援。但安西路遙，短時間救兵難到，唐明皇即讓不空和尚請北方毘沙門天王神兵救援。於是天王金身在城北門樓上出現，大放光明。同時有「金鼠」咬斷敵軍弓弦，三五百神兵盡著金甲，擊鼓聲震三百里，地動山崩。蕃兵大懼，望風而逃。唐玄宗聞奏大悅，敕令諸道節度、所在州府於城西北隅各置天王形象部從供養，佛寺亦敕別院安置。（清・趙翼《陔餘叢考》卷三十四引〈談藪〉）

《封神演義》中之魔禮海　（清）

其實，毘沙門天王在唐代轟動一時，出了大風頭，是得力於不空和尚的大力宣揚。不空所譯《毘沙門儀軌》尾題即記載上面的傳說。此事雖屬無稽之談，但唐玄宗寧肯信其有，並以此標榜自己得天王相助，遂下令「諸道州府城西北及營寨並設其像」供養，佛寺亦敕在別院安置。此後，毘沙門天王又被軍旅視為保護神，在城樓、軍營皆建有天王廟、天王堂，甚至在軍旗上也畫上天王形象。以至當時世俗紋身，也常刺天王像，認為可得「神力」。

唐憲宗元和年間，成都有個出名的地痞叫趙高，最好打架鬥毆，為非作歹。被捕入獄後，獄吏欲杖其背，但其滿背刺有毘沙門天王像，獄吏一見，不敢動手。趙高仗著身上的刺青逃過一劫，放出後橫行坊里，成為一大禍害。但也有人不信邪，節度使李夷簡聽說此事，大怒，派人把趙高抓到廳前，命差役手持三寸粗大棒，一頓臭揍，趙高被打了個一佛出世，二佛涅槃，死去活來。（《酉陽雜記・前集》卷八）

毘沙天王在宋代極顯，天王廟在諸軍寨中皆有建。這使人想起《水滸傳》第二十八回〈武松威鎮安平寨　施恩義奪快活林〉中，武松在牢城中天王堂前舉起四五百斤石墩的壯舉，以及第九回林沖被發配滄州後，在牢城營內看管天王堂的淒涼情景。毘沙門天王信仰至元明時已漸衰，取而代之是中國化的托塔李天王（詳見〈托塔李天王〉）。

在神魔小說《封神演義》裏，四大天王被徹底漢化。書中說，四大天王本為商朝佳夢關的魔家四將，奉命抵抗周武王大軍。拿琵琶的叫魔禮海，撥動琴弦，能使周軍屍橫遍野。拿寶劍的叫魔禮青，「人逢此刃，四肢成為齏粉」。拿錦囊的（而不是龍或寶索）叫魔禮壽，囊中藏有花狐貂。花狐貂兩脅生翅，一旦放出，能「食盡世人」。拿寶幡的叫魔禮紅，手中之幡名「混元傘」，此傘撐開，「天昏地暗，日月無光」。這哥兒四個因助紂為虐，最終都送了命。死後被姜子牙奉命封為「四大天王」，守護佛地。

在《西遊記》中，四大天王被玉皇大帝派去鎮守南天門；如來佛所居靈山勝境，雷音寶剎之前，另有四大金剛把守。

西方廣目天王　（清）

四大天王在中國寺廟裏，不但形象被徹底漢化，皆為中國古代武將打扮，而且將四神賦予中國式的寓意。《封神演義》述姜子牙奉太上元始之命，敕封魔家四兄弟道：今特敕封爾為四大天王之職，輔弼西方教典，立地水火風之相，護國安民，掌風調雨順之權。永修厥職，毋忝新綸——

增長天王　魔禮青掌青光寶劍一口　職風

廣目天王　魔禮紅掌碧玉琵琶一面　職調

多聞天王　魔禮海掌管混元珍珠傘　職雨

持國天王　魔禮壽掌紫金龍花狐貂　職順

其中廣目與持國二天王的法寶與通行說法正好相反。

清・翟灝《通俗篇》謂，寺內四大金剛各執一物，俗謂「風調雨順」四字。執劍者，風也；執琵琶者，調也；執傘者，雨也；執龍者，順也。風調雨順，則又暗示著「五穀豐登」、「天下太平」。橫眉怒目、凶猛威武的佛教護法天神，卻被中國老百姓們賦予了十分美好的理想寄託，表現了我們民族的一種傳統心理。

東方持國天王　（清）

只要有寺廟，就一定有四大天王像。他們都被安置在天王殿中，殿中央為笑和尚彌勒佛（布袋和尚），四大天王分列兩旁。天王像大多威武凜然，其中以杭州靈隱寺的四大天王像最為精絕，造型優美，色彩斑斕，表情動人，極其傳神，令人讚嘆不已。

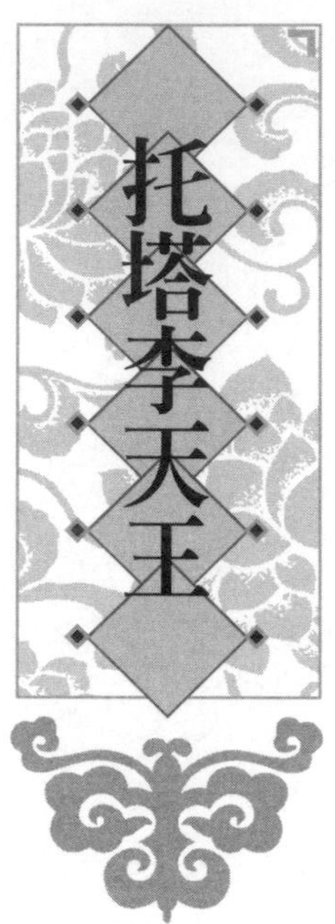

民間十分熟識的托塔李天王，是由佛教四大天王中北方多聞天王即毘沙門天王「分化」出來的。

毘沙門天王在四大天王中最常露臉，影響當然也最大。除了手持傘、鼠、蛇、龍的形象外，還流行一種一手握劍，一手托塔的毘沙門天王像。唐人盧弘正在〈興唐寺毘沙門天王記〉中描繪其形象為：

> 右扼吳鉤，左持寶塔，其旨將以摧群魔，護佛事。

這種「托塔天王圖」，十分流行，不但「圖像於旗章」，而且成為許多著名畫家的創作題材。據清代學者俞樾在《茶香室三鈔》中考證，早在六朝時就有「托塔天王圖」。歷代著名的天王圖多不勝舉，如隋朝展子虔的《授塔天王圖》，唐朝吳道子的《請塔天王圖》，唐朝范瓊的《降塔天王圖》，朱繇的《捧塔天王圖》，早在南朝劉宋時的陸探微的《托塔天王圖》等。至於毘沙門天王與

塔的來歷，也很有意思。宋人董逌在《廣川畫跋》有「北天王像後題辨」云：「昔余得內典（佛經），說四天王所執器，皆自報應中出。北天毘沙國王，也嘗兵鬥不利，三逃於塔側，方免其困。時願力所全，得無礙報，回鄉則變相所成，畫者得以據之。」這就是說，塔曾救過毘沙門，故寶塔已成為天王護身的寶物了。

大凡外國神鬼傳入中國，都被改造，有些是洋為中用，有些是土洋結合。毘沙門天王也逐漸被漢化，由托塔「洋天王」而成為「托塔李天王」。成書於明代、流傳很廣的《封神演義》已把天王「化」得很徹底了。說是陳塘關有一總兵官叫李靖，拜度厄真人為師，有三個兒子：金吒、木吒和哪吒。哪吒鬧海，打死龍王三太子，又射死碧雲童子，後被迫剜腸剔骨，剖腹自盡。太乙真人使其蓮花化身，於是哪吒找父親李靖算帳，李靖不敵，被追得上天無路，入地無門，危急之時遇燃燈道人，祭起玲瓏寶塔，將哪吒罩在塔內，塔內大火熊熊，將哪吒燒服。燃燈道人遂將寶塔送給李靖，此後成為「托塔天王李靖」。（第十二回至第十四回）在《西遊記》裏，李靖又成了玉皇大帝的重臣，當上了天兵天將的總司令，每次討伐齊天大聖，都由他帶隊，而哪吒成了他的先鋒官。至於寶塔，又說是如

托塔李天王（清）

來所賜，名稱更為動聽——「玲瓏剔透舍利子如意黃金寶塔」，塔上層層有佛，豔豔光明，喚哪吒以佛為父，解釋了冤仇。總之是「佛法無邊，回頭是岸」。

李靖，在歷史上實有其人。他是唐初大將，陝西人。李靖精通兵法，常為其舅韓擒虎所稱道。唐太宗時，他當過兵部尚書、尚書右僕射等官。李靖死後，配享武成王（姜太公）廟，為十哲之一。宋刻《武經七書》中，有〈唐太宗李文公問對〉三卷，是武學中的經典性課本。唐人小說《續玄怪錄》中，有李靖代龍行雨的故事。李靖在唐末就已被神化，成為神明，五代時被封為靈顯王。元末楊景賢所撰《楊東來批西遊記》中，有〈神佛降孫〉一節，李天王曾云：

天兵百萬總歸降，金塔高擎鎮北方，四海皆知名與姓，毘沙門下李天王。

這時已將二神合二為一。到了明代，《西遊記》、《封神演義》張大其事，托塔天王李靖完全脫離了毘沙門天王，而成為中國式的、婦孺皆知的總率百萬天兵的大元帥了。

哪吒

哪吒名本自西來，為毘沙門天王之第三太子。唐・鄭棨《開天傳信記》云：

宣律……常夜後行道。臨階墜墮，忽覺有人奉承其足。顧視之，乃少年也。宣（律）遽問弟子：「何人中夜在此？」少年曰：「某非常人，即毘沙門天王之子哪吒太子也，以護法之故，擁護和尚時已久矣。」

佛經稱毘沙門王天有五子（一說四天王各有九十一子），除三太子哪吒以外，二太子獨健也神通廣大。在敦煌唐代壁畫中，有不少他

哪吒 （明）

們父子的畫像。天王為金色身，著七寶金剛甲胄，頭戴金翅鳥寶冠，佩長刀左手托寶塔右手執戟（或寶棒、長矛），足踏夜叉鬼。天王兩側則是夫人、天女及五位太子，其中即有哪吒。哪吒剔骨肉還於父母的傳說由來已久。宋・普濟所編《五燈會元》卷二載：「哪吒太子，析肉還父，然後現本身，運大神力，為父母說法。」

哪吒故事到了宋末元初又有了很大發展。說他本是玉皇大帝駕下的大羅仙，身長六丈，帶金輪，三頭九眼八臂，口吐青雲，足踏盤石，手持法律，大喝一聲，雲降雨從，乾坤爍動。因世間多魔王，玉帝命其下凡，於是托胎於托塔天王李靖夫人之腹。哪吒生五日，浴於東海，殺九龍並老龍，無意中射死石磯娘娘之子，後又殺死石磯娘娘。李靖大怒，痛責不已。哪吒遂割肉剔骨還父，與李靖斷絕了父子關係。哪吒的「真靈」來到世尊（佛祖）面前求告，世尊遂折荷菱為骨，藕為肉，絲為筋，葉為衣而生之，並授以密法。於是哪吒靈通廣大，變化無窮。在靈山會上成為通天太師、威靈顯赫大將軍。玉帝也把他拉來，封他為三十六天將第一總領使，永鎮天門。值得注意的是，哪吒原為佛教神明，此時已滿身「道氣」。佛、道二教互相滲透，互相融合，又互相爭奪，於此可見一斑。

《西遊記》、《封神演義》又在此做進一步發展，尤以《封神》敷衍更詳，從第十二回至十四回用了整整三回篇目敘述了哪吒出世、鬧海、殺石磯、剔骨肉還父、蓮花化身、尋父報仇、被塔鎮服、重新認父等事。主要情節增加了哪吒「再生」後，追尋李靖報仇，李靖被兒子追得狼狽不堪，最後得燃燈道人祕授寶塔，總算鎮住了這個「不肖之子」。其中還增加不少細節描繪，寫得生動有趣。如「哪吒出世」一段：李靖夫人懷孕三年零六個月，產下一個肉球，滴溜溜圓轉如輪。李靖大驚，望球上一劍砍去，劃然有聲。分開肉球，跳出一個小孩來，滿面紅光，面如敷粉，右手一金鐲，肚腹上圍著一塊紅綾，金光射目。……這一奇景，流傳了四五百年，令人難以忘懷。

由於哪吒的父親早已「加入」中國國籍，所以哪吒在人們心目中，完全是個中國古代小英雄的形象：手提火尖槍，臂套乾坤圈，腰圍紅色混天綾，背負豹皮囊，囊中有金磚一塊。與眾不同的是，腳踏風火輪，更顯得威風凜凜，氣宇軒昂。

金剛密跡

在佛國中有一種專事守護的金剛力士，數量很多。這是一些手執金剛杵護持佛法的天神。

金剛是梵文Vajra的意譯。金剛本為吠陀和印度教神話中的粗棒、狼牙棒，是眾神之王因陀羅的武器。它由金、銅、鐵、山岩製成，有四角或一百個角，還有一千個利齒，十分厲害。金剛杵也作為豐產的象徵物出現，它還曾是公牛生殖器的形象。到了佛教中，金剛則有「金中最剛」之意，成為牢固、不滅的象徵，以其譬喻堅固、銳利，能摧毀一切。原來的古印度兵器金剛杵，在佛教密宗中則用以表示堅利之智，為斷煩惱、伏惡魔的法器。

金剛杵以金、銀、銅、鐵或硬木製成，長有八指、十二指、十六指、二十指不等，中間有把手，兩端有獨股、三股、五股、九股等刃頭。

金剛密跡，則是手拿金剛杵給佛擔任警衛任務的夜叉神總頭目。他又叫密跡金剛、密跡力士、祕密主。「夜叉」，在中國民間百姓心目中是個極壞的形象，如「母夜叉」、「夜叉星」之類，《紅樓夢》中女強人王熙鳳即被人咒為「夜叉星」。其實，「夜叉」本為印度神話中一種半神的小神靈，以「捷疾」著稱，並非道地的惡魔。《大日疏經》卷一說：「西方謂夜叉為祕密，以其身口意速疾隱祕，難可了知，故舊翻或云密跡。若淺略明義，祕密主即是夜叉王也。」稱其為「密跡」，是因其能聽到一切諸佛祕要密跡之事，故名。

密跡金剛還是顯貴出身。他本是法意太子，他發誓說，皈依佛教後，「當作金剛力士，常親近佛」，以便「普聞一切諸佛祕要密跡之事」。最後，他終於當上了佛的五百金剛警衛隊的衛隊長，被稱為「密跡金剛」或是「夜叉王」，身分遠遠高過一般的金剛力士。以後，又一分為二，從他身上分化為兩個金剛力士，專門把守山門，即世俗所稱「哼哈二將」。

大黑天神

過去我國各地建有一些瑪哈噶拉廟，如北京就有幾座。其廟名和廟內所祀神主都很奇特。這位瑪哈噶拉神的造像為：青色武相，三面六臂，前面的左右手橫握寶劍；中間的左手提人頭，右手抱牝羊；後面左右手執象皮，張於背後。頸下掛有一串骷髏瓔珞。這是典型的密宗造像，這位佛教密宗神跋山涉水，跨越地域，跨越民族，萬里迢迢來到京城享受香火，有著一段不凡而曲折的經歷。

攝政王多爾袞與北京瑪哈噶拉廟

北京在清代有一座最著名的瑪哈噶拉廟，坐落在今東城區南池子大街內普慶前巷。這座喇嘛廟與清初顯赫一時的多爾袞密切相關。

這裏原是明代小南城洪慶宮的一部分。明代「土木堡之變」時，英宗朱祁鎮在河北懷來縣土木堡被蒙古瓦剌部首領也先俘虜。後來英宗被放回，已在北京登上帝位的弟弟景帝朱祁鈺怎肯讓出帝位?始尊哥哥朱祁鎮為「太上皇」。這位太上皇就住在——其實是軟禁在小南城（又叫南宮）裏。清軍入關以後，這裏成了睿親王多爾袞的王邸。

多爾衮（公元一六一二年～一六五〇年）是努爾哈赤的第十四子，勇猛善戰，足智多謀，是清朝的開國功臣。皇太極時，他被封為和碩睿親王，鎮守山海關的明朝大將吳三桂引其入關，打敗李自成的大順軍，迎福臨至北京。福臨即順治皇帝，當時只有六歲，多爾衮便以叔父身分攝政，稱叔父為攝政王。後因與福臨母結婚，進一步為皇父攝政王。

從順治元年（公元一六四四年）多爾衮攝政，到順治七年（公元一六五〇年）多爾衮病死，這七年間，他所居住的王邸，在當時成了實際上的全國政治中心，朝中重臣、達官顯貴，乃至皇親國戚，無不奔走其中。正如清初文人吳梅村詩中所言：「十載金縢歸掌握，月明車馬會南城」。（清・震鈞《天咫偶聞》卷一）「金縢」本指周公把效忠周武王的誓書藏於金鎖匱中（「縢」為封藏意），這裏吳梅村是在譏刺多爾衮。多爾衮壽命不長，只活了三十九歲即病亡。十四歲的順治帝對獨斷專行的皇父攝政王早就不滿，趁機定他個「謀逆罪」，削掉了他的爵位，財產充公。攝政王府自然廢掉。

康熙三十三年（公元一六九四

大黑天神 （清）

年），康熙帝下令將舊睿親王府改建成瑪哈噶拉廟。乾隆年間又進行了修葺封建，乾隆帝並賜寺名為「普度寺」，又為大殿題額曰「慈濟殿」、殿內題額曰「覺海慈航」。此廟當時極為宏偉壯觀，《天咫偶聞》卷一記載了它的奇特：

普度寺殿宇極宏，佛像極奇，皆西天變相。手執戈戟，騎獅象。陳設多寶物，沉香長及丈，雕鏤花紋。……今殿極東一間，北牆下番佛五，皆乘獅象。南窗下懸王之甲冑弓矢，甲長七尺餘，黃緞繡龍，鮮好如新。冑徑九寸餘，護項亦黃色。刀劍弓矢長於今三之一，弓無霂肖而一人之力不能開。旁二護衛像，著甲執兵，皆真物，王之二巴圖魯也。殿外作龍尾道，直抵山門，道旁古松林立，清蔭甚美。

多爾袞死後雖削掉爵位，但他畢竟為清王朝統一中國立下赫赫戰功，所以一百年後乾隆恢復了他的爵位，由其五世孫淳穎襲爵，並在東城石大人胡同修建了睿親王府（今為中國外交部街中的北京第一二四中學）。普度寺內供奉多爾袞的甲冑弓矢等遺物，是對其及清皇室武力的推崇，也是與廟內黑護法佛殿所供奉之「佛像極奇」的瑪哈噶拉神——大黑天神——戰神兼護法神，密切相關。

大黑天・大自在天・濕婆

瑪哈噶拉是藏語，出自梵文Mahakala，音譯「摩訶迦羅」、「麻曷葛剌」、「莫訶哥羅」等，義譯「大黑天」、「大黑神」。

大黑天神為佛教密宗的重要護法神。他被說成是大自在天的化身。而大自在天則源於濕婆。濕婆，梵文為Shiva，意思是「幸福」、「帶來幸福」。濕婆是婆羅門教和印度教的主神之一，與創造之神梵天、世界之主毘濕奴並稱為三大主神。濕婆神主要是個破壞神的角色，但他又以不同的性格和功能來顯現自己，因而在印度神話中是以多種形象出現的。

首先他被說成是創造之神。對於濕婆教徒來說，濕婆是最高神，為宇宙間創造力量的化身，被稱作「大神」、「大天神」。他有地、水、火、風、空、日、月、祭祀八種化身，他也是宇宙的創造者。濕婆的創造力還突出表現在男性生殖器（梵文Linga音譯為「林伽」，又稱「靈根」）上。他的形象是把象徵男性生殖器的圓柱立在女性生殖器（梵文Yoni音譯「約尼」，又稱「玄牝」）中。林伽與約尼多為石製雕像，以約尼為底座，勃起的林伽直立其上。這種結合有著雌雄二性永不分離，二者乃生命之源的寓意。這一形象在古印度廣為流行，成為崇拜的主要對象。

據印度教經典《濕婆往世書》、《風世也書》記載了這樣一個神話傳說：

有一次，創造神梵天和世界主毘濕奴在爭論誰是宇宙的創造者，二神吵個不休。突然，他倆面前出現一個無比碩大的林伽，於是二人停止爭論，打算看看林伽到底有多大。為了尋找它的上下兩端，毘濕奴變化成一隻野豬下到地下，梵天則變成了大鵝飛到天上，但他們卻始終無法找到林伽的兩端。他們不得不佩服濕婆法力無邊，承認他是最偉大之神。

林伽是代表生命力的，因此濕婆又是再生之神。

濕婆既是創造神，又是破壞神，而且在印度教三大主神中大多是以破壞神的身分出現的。他要在每次劫末，消滅宇宙和眾神。傳說他項掛骷髏，經常住在墓地，遊蕩於鬼靈之間，管理死者，被稱為鬼靈之主。他的眾多隨從都是住在墓地上，以人肉為食的惡精靈和變形鬼。在《摩訶婆羅多》、《風世也書》中說，有一次向達剎（梵天的第七子，也是與創造神，還是與五十個神女之父）獻供品時沒有請濕婆，濕婆大怒，從口中噴出了千頭千手怪物搗毀了供品，把祭禮攪得一塌糊塗，最後不得不答應永遠有他一份，濕婆才罷休。為了消滅惡魔阿修羅，從濕婆的憤怒中生出了獅頭怪。為了向梵天報復，濕婆從前額中長出一個有巨大獠牙的怪物，怪物以骷髏和蛇纏身。梵天本來有五個頭，但被凶狠的濕婆砍下了一個，大黑天神造像中六手裏有一隻手執有人頭，就是梵天的一顆頭。濕婆是魔怪的征服者，只一箭他就消滅了惡魔阿修羅的堡寨。

傳說眾神攪動乳海時，濕婆看到了攪出的毒藥十分焦急，因為這種毒藥可以把宇宙燒掉，於是濕婆毫不猶豫地把毒藥一口吞下。他靠著自己超凡的法力保住了性命，但脖子被毒藥燒青，身上被燒出半圈火帶，故又稱作「青頸」——青脖子。濕婆這種高尚的獻身精神是令人欽佩的，三十三觀音之一的「青頸觀音」也是由此而來。

濕婆又是著名的舞蹈之神。他善於跳舞，是剛、柔兩種舞蹈的創造者，被稱為「舞王」。更厲害的是，濕婆的舞蹈具有調節宇宙的力量，《往世書》有一則神話說，巨蛇舍沙離開了毘濕奴，懺悔了多年才被允許參加濕婆的舞蹈。

還有一個傳說，濕婆用自己的舞蹈征服了一萬個敵視他的苦行教徒。開始那些人想反抗，並且慫恿一隻猛虎向濕婆撲去，但濕婆不費吹灰之力將其擒住，扒下了虎皮給自己做了個斗篷。苦行教徒們不甘心，又向他放出了毒蛇和羚羊，不想濕婆抓起毒蛇，把牠掛在脖子上作為項鍊，而把羚羊握在了左手中。這時，苦行教徒們不得不服，承認了濕婆的權威。

濕婆還是個苦行之神。他裸露著全身，渾身塗灰，亂髮直豎，兩耳垂蛇，戴著骷髏項鍊，坐在虎皮上打坐。濕婆有三隻眼，中間的第三隻眼最厲害。這隻眼是他夫人雪山神女有一次跟他開玩笑，用雙手捂住了他的兩眼，他一發功長出了第三隻眼。有一次他打坐時，愛神來引誘他，濕婆的第三隻眼放出火來，竟燒死了愛神。

苦行者的濕婆把髮辮盤在頭上，頭上飾以彎月，據說是印度恆河的象徵物。傳說恆河下凡時先落到他的頭上，再從他頭髮上流出。因為恆河從天上落下時，它的重量會毀壞大地，因此濕婆用頭接住，再輕輕流向大地。傳說他終年在喜馬拉雅山修苦行，因而每年有許多教徒不惜生命、財產和辛勞，到那裏去朝聖。

濕婆與雪山神女成家後，還生了兩個兒子，一是戰神塞建陀——後來被大乘佛教吸收為護法神，來到中國後就成了名氣很大的護法神將韋馱（請參閱〈韋馱〉一節）。另一個則是象頭神伽涅沙——印度教的智慧神，很受崇拜。

濕婆被佛教吸收後，地位降了很多，由原來印度教的「三巨頭」之一，降為眾多護法神之一，被稱作「大自在天」。佛教稱其住在色界十八層天的最高天，為三千界之主（請參閱〈二十諸天．大自在天〉一節）。由此可見佛教的繼承性、包容性和「唯佛獨尊」的貶他性。

濕婆變為大自天後，其「毀滅」的本性不復存在而專取「護衛」。濕婆到佛教密宗中則轉化為「瑪哈噶拉」（摩訶迦羅）——大黑天神。大黑天雖與大自在天（顯教護法）都是教內護法神，但大黑天要比大自在天地位高得多，他有自己獨立的廟宇和殿堂，可以獨享人間香火，而大自在天只能和二十諸天湊在一起，拱衛佛祖，顯得很不起眼，許多人根本分不出他來。

大黑天神在中國

大黑天神隨著佛教密宗傳入中國，有關摩訶迦羅（大黑天）的經文自唐代有了譯著，但其造像在漢地很少見，今天所見到最早的大黑天像是在唐朝末年。在雲南大理崇聖寺的主塔即千尋塔的塔頂中，發現了三尊大黑天神像，同出的金剛杵杵頂上也飾有大黑天神。像作三面六臂忿怒相，肩、臂纏蛇，披骷髏瓔珞。

崇聖寺及千尋塔建於南詔勸手祐年間（公元八二三年～八五九年），即晚唐時期。崇聖寺為南詔（雲南一帶）最大佛寺，主塔千尋塔建成後，晚些時候又建有二塔，三塔均為磚砌，一大二小，背倚蒼山，面臨洱海，鼎足而立，優美而壯觀。千尋塔為唐代建築師指導工匠仿照西安小雁塔、河南崇嶽寺塔形制建成。塔為四方形中空密檐式，十六級，高七十公尺，有十七層樓房高，具有典型的唐代風格。據《白古通記淺述》稱，建造的崇聖寺、千尋塔規模宏大，有佛像一萬一千餘尊，房屋八百九十間，耗銅四萬餘斤，用工七百七十萬，興建了八年。這在距今一千一百多年前的南詔時期，其本身就是個奇蹟。塔頂供奉的大黑天神像為現代發現，實乃「劫後遺存」，大黑天神曾在雲南盛極一時，是地位僅次於佛祖、觀音的第三大神。

大黑天在雲南能夠神運亨通，香火極盛，也是歷史使然。大黑天神是隨著印度密教從印度經緬甸進入南詔地區的。據元·張道宗所撰《紀古滇說集》載：

> 威成王誠樂立，乃第三世（主）也。王威服諸邦，崇信佛教……始塑大靈主天神。聖像曰「摩訶迦羅」。

威成王是南詔的第三代君主，名盛邏皮，又名誠樂魁，在位時間為公元七一三年～七二八年，在位十六年。他被唐玄宗封為台登郡王，知沙壺州刺史。這就是說，早在一千二百年前的唐朝中葉，南詔即已供奉大黑天，而且是以本主（又稱土主）神的形象供奉的。

本主是雲南古代的白族、彝族信仰的巫教神主，充當本主神的對象很多，有南詔、大理國的君主，有唐代、明代著名將領，有英雄志士、賢女烈婦，還有原始崇拜的動物山石，多是有功於國、造福於民的人物。大黑天作為異國他邦的外來神，當上了雲南古代人民隆重禮遇的本主，而受到廣泛崇拜，他甚至擠走了許多別的神而「唯我獨崇」，這不能不歸功於密教「隨鄉入俗」的適應能力。當然，大黑天要因俗而化，必然也要被當地人民改造一番。白族人民流傳久遠的關於大黑天神的一些神話，就已經完全是「中國味」了。

大黑天神的神話傳說，在白族地區流傳廣，影響大，異說也較多。最有名的是他為了拯救百姓而吞服瘟藥的故事：

玉皇大帝聽信了巡天神將的讒言：「下界百姓男不耕，女不織，上不孝，下不養，請玉帝嚴懲。」玉帝聞奏大怒，即派一親信天神下凡降瘟，欲將人類殄滅無遺。

天神帶了瘟藥，下至人間，卻見百姓男耕女織，十分勤勞。又見小路一位中年婦人，手拉著一個六、七歲小兒，背上倒背著一個十來歲大的男孩，匆匆起路。天神有些奇怪，便變化成一老翁，走到婦人面前問道：「年小的妳不背，倒要背年大的，卻是為何？」婦人答道：「你老人家有所不知，年大的娃娃不是我親生，我雖是後娘，但要比親娘還要疼他。小個的是我親生兒了，卻也懂事，我背著他阿哥，他也不哭不鬧。」

天神見婦人如此純樸善良，十分感動，就對他實說了，並告訴她：「妳回家趕快在門口栽棵小松樹，再在門上掛一雙新草鞋，不然晚上會遭大難！」婦人磕頭拜謝了老人，回村去了。她一想，鄉親們都不錯，我不能見死不救。於是她把避難的方法告訴了所有鄉親。

天神晚上來撒瘟藥，一見家家戶戶都栽了小松樹，門上掛著新草鞋，心裏明白了：我不能害這些善良的百姓，可怎麼向玉帝交差呢？天神一咬牙，把整瓶瘟藥都吞了下去。全身一下變黑了，倒地而死。

百姓們感激他救命之恩，尊其為「大黑天神」，建廟塑像，奉為本主神。

這一神話傳說，與漢族的溫瓊（溫元帥）的來歷傳說有異曲同工之妙，耐人尋味。大黑天神在白族的民間傳說，已完全不同於原來的佛教傳說，他不再是什麼毀滅之神、苦行之神或舞蹈之神，而完全成了一位救民於危難的地方最高保護神。

大黑天的故事在雲南地區有了很大改變，但他的塑像造型卻無大變化，只是小有不同。造像為青色，也是三面六臂，前面左手執一銅鈴，據稱是為召集諸神共討妖魔，以保百姓平安。前右手執一紅龍，為行雲佈雨而用。中間左手拿金圈，右手拿一端帶骷髏的鎮妖兵器。後面兩手各執太陽和月亮。大骷髏串成長串不是戴在項下而是斜掛身上。大黑天神在雲南分布極廣，一九八一年當地文物普查時，發現滇池周圍一百三十二座土主廟中，竟有一三〇座供奉大黑天神。《大清一統志・雲南府下》云：「土主龍神，雖十戶之邑，亦必祀之。」

到了元朝，佛教尤其密教盛行，正如《元史・釋老傳》所說：「元興，崇尚釋氏。」元代西藏薩迦派興盛，該派五祖大師八思巴受元世祖忽必烈尊崇，授「帝師」號，統領天下釋教。於是薩迦派密教，在內地流傳開來。國內以杭州飛來峰和居庸關的造像最為著名。其中杭州有一尊大黑天雕像十分珍貴，此像雕在西湖東岸紫陽山南面寶成寺的岩壁上。戴冠，捲鬚，面呈凶猛怒相，短腿，鼓腹箕踞。周身掛骷髏，腳下踏一魔女，形狀猙獰可怖。大黑天的兩側是文殊與普賢，各騎青獅、白象，獅象背蒙人皮作坐墊。二菩薩均作凶猛相，項下各掛一串骷髏瓔珞。造像旁有題記云：

朝廷差來官驃騎上將軍左衛親軍都指揮使伯家奴，發心捨淨財，莊嚴麻曷葛剌（即瑪哈葛拉）聖相一堂，祈福保佑，宅門光顯，祿位增高，一切時中吉祥如意者。

至治二年（公元一三二二年）月日立石

伯家奴在《元史》有傳，其為元朝高級將領，雕造大黑天為了「祈福保佑，宅門光顯，祿位增高」，一切「吉祥如意」，大黑天在當時的影響之大可見一斑。

在顯教中，護法的「天」是根本不可能成為主尊的，但在密宗中，所修的本尊較多，這裏的大黑天不但成為本尊，還以首席菩薩文殊、第二號菩薩普賢為脅侍，可見其地位之高。

至於大黑天由專職護法而兼有福佑功能，也有由來。據唐・神愷《大黑天神法》稱：「若人三年專心供吾者，吾必此來，供人授與世間富貴，乃至官位爵祿，應惟悉與焉。」唐・義淨《南海寄歸內法傳》亦稱：大黑天「性愛三寶，護持五眾，使無損耗，求者稱情。」所以大黑天又被附會為可授人世間富貴及官位爵祿，有點像漢族民間的福祿神了。

元亡明興，太祖朱元璋明令嚴禁傳受密教，有明一代大黑天神等密宗神像在漢地已很少見。直至清代，滿族統治者因其「有大神力，壽無量千歲」（慧琳《一切經音義》卷十），「大黑天神，戰鬥神也。若祀彼神，增其威德，舉事皆勝」（《仁王經・護國品》疏），故奉其為戰神。清初攝政王多爾袞十分崇拜大黑天神，在北京修建了多處瑪哈噶拉廟。乃至多爾袞死後，他的府邸也改為瑪哈噶拉廟——大黑天廟。

散脂大將

散脂大將是梵文Pañcika的音譯，又譯作「散脂修摩」、「散支」、「半支迦」等，意思是密神。

散脂大將是北方毘沙門天王的八大藥叉將之一。著名的八大藥叉將為：寶賢大將、滿賢大將，散脂大將、眾聽大將、應念大將、大滿大將、無比大將和密嚴大將。佛教中有四大天王各有二十八部眾鬼帥神將的說法，散脂大將的地位最高，他統帥二十八部眾，巡行世間，賞罰善惡。大約散脂大將本領超眾，大慈大悲的觀音菩薩也請他來做護衛，成為千手觀音的二十八部眾之一。關於散脂大將的來歷有兩種說法。

一說他是鬼子母的兒子。《陀羅尼集經》說：「鬼子母有三男，長名唯奢文，次名散脂大將，小名摩尼跋陀。」

一說散脂大將是鬼子母的丈夫。《毘奈耶雜事》卷三十一說，半支迦（散脂）與鬼子母曾經指腹為婚，長大後二人成親，還生了五百個兒子。

散脂大將為金剛神將模樣，手持鐵鉾（矛）。在水陸畫中，散脂大將為一威風凜凜的中國古代武將形象。

大辯才天

辯才天是梵文Sarasvatī的意譯，又叫大辯才天、大辯才功德天，還稱美音天、妙音天。這是一位主管智慧福德的天神。

她聰明而有辯才，所謂「辯才」，是指她善於巧說法義的才能。她的嗓音甜美，歌聲嘹亮，是佛國花腔女高聲，故稱「美音天」、「妙音天」。

佛教宣稱若供養此天神，則可獲得福運與智慧。《最勝王經・大辯才天女》云：

若人欲得最上智，應當一心持此法，增長福智諸功德，必定成就勿生疑。若求財者得多財，求名稱者得名稱，求出離者得解脫，心定成就勿疑。

漢化佛教的辯才天 （臨摹）

其性別有的佛經說男，有的說女，但以女性為多。她還有個令人生畏的弟弟——閻羅王，常穿一身青色絲衣。因為她是閻王爺的大姊，所以長相也不同凡響，她長有兩副面孔，一副是大美人，一副是醜八怪，以供不同場合使用。她那一雙利眼最厲害，誰見了誰哆嗦。

大辯才天的造像有兩種。一是八臂像，八手分別持有弓、箭、刀、槊、斧、杵、輪和羂索。一是二臂像，兩臂作彈琵琶狀。

大功德天

大功德天，即吉祥天女。本為婆羅門教、印度教所信奉之神。後被佛教吸收為護法神。梵文為Mahāsri，音譯「摩訶室利」，「摩訶」意為「大」，「室利」有二義：功德和吉祥。合起來即「大功德」、「大吉祥」。

大功德天是婆羅門教、印度教的吉祥女神、幸福女神。佛教傳說她父親是龍王德叉迦，母親是鬼子母，又是毘沙門天王之妹，因毘沙門兼任婆羅門的財神，所以她也是財富女神。又稱她功德圓滿，並有大功德於眾，故還是位大功德神。吉祥天女長得十分漂亮，她又是一位美麗女神。

關於她的來歷，有幾種說法。除說她是龍王女兒外，有的印度神話還說

大功德天（吉祥天女）唐代壁畫 （臨摹）

是印度教的一位智者、七大仙人之一苾力瞿的女兒。還說在天神和阿修羅（惡神）攪乳海時，吉祥天女坐於蓮上手持蓮花出世，所以又得了個「乳海之女」的名字。還有的神話把她說成是三大神之一「救世者」毘濕奴的夫人。

吉祥天女在中國寺廟中，形象端莊美麗，后妃裝束，兩隻手（或四隻手），一手持蓮花，一手灑金錢，有兩隻白象伴護，這是吉祥的象徵。她的坐騎除蓮花外，還有金翅鳥和貓頭鷹。

大自在天

大自在天是梵文Maheśvara的意譯，音譯為摩醯首羅。即濕婆。濕婆是印度教神話中的主神之一，濕婆的意思是「幸福」、「帶來幸福」。他是毀滅神，與創造神梵天、保護神毘濕奴（又叫「遍入天」）合為婆羅門教、印度教的三大主神。

梵天雖為三大神之首，但他並無降魔和保護百姓的能力，於是人們又創造出了能降魔的毀滅之神濕婆和能賜福的保佑之神毘濕奴。在《往世書》神話中記有許多濕婆的神話，他在《往世書》裏占有突出地位。

這位大神有三隻眼睛，使用一柄三股叉，頭上有一彎新月作裝飾，頸上纏著一條蛇，騎一頭大白牛。他是苦行之神，終年住在喜馬拉雅山上，妻子是雪山神女。他又是舞蹈之神，創造了剛、柔兩種舞蹈。他還有極大的降魔能力。

大自在天（清）

濕婆也並不是完全禁欲的出家人，他有愛妻，還有兩個兒子。一個叫塞建陀，是個長有六頭，十二臂，騎著一隻孔雀的戰神，擔當天神軍隊統帥，塞建陀後來也同佛教諸神來到中國，演變成為護法神將韋馱。另一個兒子是象頭神伽涅沙。這個象頭神至今還受到印度人民的敬奉，在求事業順利時要向他禮拜。

印度教認為「毀滅」又有「再生」之意，故表示生殖能力的男性生殖器「林伽」，被認為是他的象徵，很受信徒崇拜。印度密教中的濕婆教內即有性力派、林伽派。

濕婆被吸收為佛教護法天神後，稱他為「大自在天」，住在色界之頂，是三千大千世界之主。他的模樣被描繪為有五個頭、三隻眼、千隻手，手中分別持三股叉、神螺、水罐、鼓，頭上有一彎新月作裝飾，坐騎是一頭大白牛。（請參見〈大黑天神〉一節）

韋馱

不管來到哪座寺廟，走進山門以後，就到了天王殿。天王殿當然跟「天王」分不開，威武雄偉的四大天王分列兩旁，殿中央則是笑口常開的大肚彌勒佛。再轉過彌勒身後的大屏風，一眼就能看到一尊威風凜凜的武將立像。這就是與四大天王一起擔當佛地「衛戍工作」的神將韋馱。

韋馱又叫韋琨、韋馱天、韋馱菩薩。正像佛教天國裏許多神明一樣，韋馱也是人們「加工改造」而成的。據說，韋馱是南方增長天王手下的八個將領之一，四大天王部下各有八大將，合為三十二將。韋馱居三十二將之首。韋馱的顯赫，出現在佛教經傳中。唐代和尚道宣說他曾與「天王」會談，說及南方天王有一部將——韋將軍，是「諸天之子，主領鬼神，如來欲入涅槃，佛弟子（韋將軍）護持贍部遺法」。《大慈恩寺三藏法師傳》卷十韋馱親受釋迦牟尼法旨，要在南贍部洲，保護出家人，護持佛法。

韋馱像為何被供奉於天王殿彌勒之背，面對大雄寶殿呢？

原來，這與他擒賊護佛立有大功有關。韋馱是佛國中的「神行太保」，以善走如飛著稱。說來可歎，在無比美妙的「極樂世界」中，竟也有一些雞鳴狗盜之徒。佛教傳說，在如來涅槃時，竟有個「捷疾鬼」偷走了佛的兩顆牙齒，韋馱急起直追，到底抓獲竊賊，奪回佛牙。於是，韋馱擔起保護釋迦牟尼佛墳墓，打退掘墳盜骨之敵的重任。當初，古印度的佛廟，並非像後來我國專門供奉偶像的殿堂，而是附屬於釋迦牟尼墳院（又稱塔院）的祠堂。因而，古印度的佛廟中的塔，皆建於山門之內，大雄寶殿之前。換句話說，寺廟即是釋迦牟尼的墳院，塔是釋迦牟尼的墳墓，大雄寶殿是釋迦牟尼墓後的享堂。

需要指出的是，塔在許多人眼中，不過是一種佛教藝術，如今成為名勝古蹟。塔又稱「塔波」、「窣堤波」、「浮圖」，是梵文的音譯。意譯則為「方墳」、「圓塚」、「靈廟」等。塔最初的功用是用來藏佛舍利的，稱舍利塔，具有墳的性質。釋迦牟尼被火化後，其舍利（火化後的結晶球）被八國國王分得，並建塔供奉，這是最早的佛塔。後來，塔除埋高僧的舍利、骨灰之外，還珍藏佛經及各種法物，故又稱「支提」、「寶塔」。

最早的佛廟建築，是以塔為中軸線的主體，其他建築則散在四周。古印度的方塔（即釋迦的墳墓），即建在大雄寶殿前面的中央處。所以，將韋馱像供於山門背面，執金剛杵橫眉瞪目，警惕地注視著大雄寶殿之前的方塔，乃取守護釋迦牟尼靈塔之意。

佛教傳入中國以後，寺廟建制逐漸發生變更，寺廟成為專供佛像的享堂，中軸線以殿堂為主體而建塔在附近的，稱做「塔院」、「塔林」。附有「塔林」的寺廟必為著名大寺，如北京潭柘寺、山東長清靈岩寺、河南嵩山少林寺

韋馱（明）

等即是。後來，在大雄寶殿前面雖然已無靈塔，但韋馱站立天王殿背面的制度並沒有改變，一直保留至今。

韋馱是中國佛教徒造就的，所以他是道地的中國武將打扮。韋馱像金盔金甲，年輕英俊，威風凜凜，手執金剛杵。塑像頗像趙雲、馬超一類勇將。一般有兩種姿勢：一種是雙手合十（即僧人所行禮節），橫杵於腕上，直挺挺站立；一種是一隻手握杵拄地，另一隻手插腰。關於這兩種姿勢，其中還有點奧妙：「合掌捧杵者，為接待寺，凡遊方釋子到寺，皆蒙供養。按其杵據地者則否，可一望而知也」。（《鑄鼎餘聞》卷四）行腳僧們只要看見寺內韋馱像是雙手合掌捧杵的，那就是表示熱烈歡迎，盡可大搖大擺走進去白吃白住。若是握杵拄地的，似應斟酌，韋馱怕是不大歡迎哩！

堅牢地神

堅牢地神是梵文Pṛthivī的意譯，音譯「比里底毘」，意為此神有如大地之堅牢。堅牢地神又叫「地天」、「大地神女」。

地天的職責是保護土地及地上的一切植物，免受災害。佛陀曾對她說：「汝大神力，諸神莫及。閻浮（即佛教所稱世人居住的南贍部洲）土地，悉蒙汝護，乃至草木穀米從地有，皆由汝力。若未來世中依《地藏本願經》修行者，依汝神力擁護之，勿令一切災害及不如意事聞於耳。」（《地藏本願經・地神護法品》）堅牢地神的這些功能有點像中國的后土娘娘，而且兩位還都是女性。

地天的另一大功勞是曾替釋迦牟尼作證。佛教傳說，在佛祖與魔王辯論時，用自己的力量堅牢地幫助佛祖，讓佛祖能大敗魔王，成為功勞顯著、名副其實的護法神。

據《大日經疏》卷四載，釋迦牟尼初坐道場時，魔王唯恐釋迦牟尼得道後會使自己的勢力毀滅，於是率領魔軍、魔女，

堅牢地神 （清）

向釋迦牟尼輪番進攻誘惑，軟硬兼施，但全都失敗。魔王終於老羞成怒，對釋迦牟尼狂吼道：「我所作之業，汝已為證，汝之福業誰當為證？」釋迦牟尼即垂無畏手指地，表示自己的一切福業大地即可作證。

這時，大地轟然震動，堅牢地神從地中湧出半個身子向佛陀頂禮致敬，並大聲喝言：「我是證明！」魔王見「半路殺出個程咬金」來，釋迦牟尼有了個「神證」，只好帶著部下灰溜溜地退走了，於是，釋迦牟尼得道成佛。

菩提樹神

菩提樹神，即守護菩提樹之天女。在此不能不介紹一下菩提樹。菩提樹本非一自然樹種，完全是由於釋迦牟尼的本事而得名。所謂「菩提」，是佛教名詞，為梵文 Bodhi 的音譯，意為「覺」、「智」。指對佛教「真理」的覺和悟，舊譯為「道」，指通向佛教涅槃之路。凡是斷絕世間煩惱而成就「涅槃」之智慧，即「無上智慧」，就稱「菩提」。其實就是佛教的所謂「大徹大悟」。所以菩提樹也可以叫做「覺悟樹」、「成道樹」。因傳說釋迦牟尼在此樹下不吃不喝，敷上割草人送給他的吉祥草，開始打坐，進行冥思苦想。釋迦牟尼曾發誓言：如不成佛（即獲得最高智慧），決不起來。於是在樹下坐了整整七天七夜，其間有風雨之時，樹神——一位天女即用枝葉為其擋風遮雨。釋迦終於戰勝了魔王及其部眾的挑戰，當最後一夜的黑暗迎著晨曦消失之後，他豁然開朗，看到了生死輪迴的永無窮盡和苦惱，

漢化佛教中的菩提樹神像（臨摹）

逆觀了十二因緣，終於明心見性，大智徹悟——成佛了。

釋迦牟尼在此樹下得道成佛，此樹也理所當然地成了「神樹」、「聖樹」，那位護佛的天女自然也就成了「樹神」。此樹也就被說成是「覺悟樹」、「成道樹」，梵文則叫成「菩提樹」。那位天女則被稱為「菩提樹神」。菩提樹神在釋迦牟尼成佛之前，即守護在他身旁，應該算是佛教的最早護法神。

菩提樹本名蓽鉢羅樹，為常綠喬木，葉子卵形，莖幹黃白色，樹籽兒可作念珠。原產印度，據說南朝梁時和尚智藥從天竺（印度）移植中國，在我國雲南和廣東有種植。釋迦牟尼成道處叫「菩提伽耶」，意思是「證成正覺處」，在今天印度東北部比哈爾邦加雅城南十一公里處。此處現存的菩提樹傳說是原樹的曾孫，枝繁葉茂，濃蔭蔽日。樹下還有象徵草座的石刻金剛座。傳說佛成道離開草座，向北，東西行繞樹，一步一蓮花，計十八蓮花。南方佛教國家的和尚常焚香散花，繞樹作禮，蓋源於此。

摩利支天

摩利支天是位女性神，摩利支為梵文：Marīci，意譯為「陽焰」，即光焰，這位天神有些大神通，「以隱形法為其至極」。《摩利支天經》曰：

有天名摩利支。有大神通自在之法。常行日前，日不見彼，彼能見日。無人能見，無人能知，無人能害，無人欺誑，無人能縛，無人能債其財物，無人能罰。不畏怨家，能得其便。

想來，佛教是把燦爛而神祕的太陽光芒人格化和神化了。佛經稱其能救人離一切災厄。摩利支天的形象為：天女模樣，手執蓮花，身著白衣，頂戴寶塔，坐金色豬身之上，復有群豬圍繞。在漢化寺廟中，她身著紅色天衣，頭頂寶塔，塔內有毘盧遮那佛（即「大日佛」）。為三頭八臂，每頭各有三眼，正面溫柔含笑，為菩薩臉；左面豬臉，獠牙吐舌；右面童女相。八臂分執索、弓、花枝、杵、針、鉤、箭等。腳邊有一野豬。

日宮天子

日宮天子源於印度古代神話中的太陽神。古印度的太陽神叫蘇利耶（Sūrrya），在婆羅門教、印度教最古老的經典《梨俱吠陀》中，就有十首獻給太陽神蘇利耶的頌詩。

蘇利耶的人格特徵還不大明顯，大多把他看成是一雙眼睛，他俯視人間，明辨善惡，目光如電。他生於東方，在歌聲中離開大門，去巡行天地，劃分白天和黑夜。太陽神傾洩光明，照亮世界，驅逐黑暗、疾病和敵人。蘇利耶用甘露治療世人的病痛。蘇利耶還是擎天柱，天要靠他來支撐。人們向他求財、求福、求壽、求子。在以後的神話中，太陽神蘇利耶逐漸成為世界的保護神之一。

蘇利耶被吸收為佛教護法神後，被稱作日天、日天子、日宮天子。異名寶光天子、寶意天子。佛經中稱其為觀音菩薩之變化身，住在太陽中，太陽有其宮殿——日宮。日宮規模其大無比，

日宮天子 （清）

《立世阿毘曇論・日月行品》說：「（日宮）厚五十一由旬（一由旬等於三十里或四十里），廣五十一由旬，週四一百五十三由旬。是日宮殿，頗梨所成，赤金所覆，火大分多，下際火分復為最多，其下際光亦為最勝。是其上際金城圍繞。」其形象為肉紅色臉膛，左右手各拿一枝蓮花，乘坐四馬大車，也有的手捧日輪，騎三至八匹馬（多騎五匹馬）。

在水陸道場所用的水陸畫中，日宮天子為頭戴冕旒，雙手捧圭的男性帝王形人像。

月宮天子

月天，又叫月天子、月宮天子、大白光神、野兔形神、寶吉祥等。月天住在月宮中，這座月宮據佛經所言是個正方形建築，長寬各四十九由旬，共有七重垣牆，為七寶所成。這座宮殿純以天銀天青琉璃而相間錯。有意思的是，在這座月宮天子的大宮殿中，有一大輦，是青琉璃做成。此輦高達十六由旬（即二五〇里），寬八由旬（即一二五里）月天子與諸天女在此輦中「和合受樂，歡娛悅豫，隨意而行」，這樣奇大無比的玉輦，不知如何才能推動？因為日天已被說成是阿彌陀佛左脅侍觀音菩薩的化身，於是月天又被說成是阿彌陀佛右脅侍大勢至菩薩的化身了。故稱其為「寶吉祥」、「寶吉祥天」。至於月天又叫「野兔形象」，則與古代傳說有關。古印度人同我國舊俗相同，也認為月中有兔，其實是月中暗影與兔子側影相似而形成的神話傳說。兔子進月是個有趣的佛教傳說：

月宮天子（清）

有狐、兔、猿，異類相悅。時天帝釋欲驗修菩薩行者，降靈應化為一老夫，謂三獸曰：「二三子善安隱乎？無驚懼耶？」曰：「涉豐草，遊茂林，異類同歡，既安且樂。」老夫曰：「聞二三子情厚意密，忘其老弊，故此遠尋。今正飢乏，何以饋食？」曰：「幸少留此，我躬馳訪。」於是同心虛己，分路營求。狐沿水濱，銜一鮮鯉，猿於林樹，採異花果，俱來至止，同進老夫。惟兔空還，遊躍左右。老夫謂曰：「以吾觀之，爾曹未和。猿、狐同志，各能役心，惟兔空還，獨無相饋。以此言之，誠可知也。」兔聞譏議，謂狐、猿曰：「多聚樵蘇，方有所作。」狐、猿競馳，銜草曳木，既已蘊崇，猛焰將熾，兔曰：「仁者：我身卑劣，所求難遂，敢以微躬，充此一餐。」辭畢入火，尋即致死。

是時老夫復帝釋身，除燼收骸，傷歎良久，謂狐、猿曰：「一何至此！吾感其心，不泯其跡，寄之月輪，傳乎後世。」故彼咸言，月中之兔，自斯而有。（《大唐西域記》卷七〈三獸窣堵波〉）

這個故事旨在鼓吹為佛門而獻身的精神。

月天的形象本為男性，肉白色臉膛，手持之杖，上有半月形，乘坐三鵝拉的車。佛教還給他配了個妃子——月天妃，也是肉白色臉，手持青蓮花。大概要與日天配對兒，漢化寺廟中也有將月天作為女天塑像的。

鬼子母

鬼子母為佛教二十諸天（即護法神）之一。但觀其姓名，使人覺得這位女性天神似非善類：鬼子母，鬼子之母也。確實，這個鬼子母本是個專吃人的惡神——母夜叉，後得釋迦牟尼感召而皈依佛教，「放下屠刀，立地成佛」，由惡神而成善神。

鬼子母的洋名為「訶梨帝母」，「訶梨帝母」是梵文Hārītī的音譯，又意譯為「暴惡母」、「歡喜母」。「暴惡」名副其實，佛經《毘奈耶雜事》卷三十一說她「既取我男女充食，則是惡賊藥叉。」以食人為生，稱其為暴惡母，理所當然。至於歡喜母，同書說此女出生時，「容貌端嚴，見者愛樂」，眾夜叉都很歡喜，大夥兒一商量，就給她取名叫「歡喜」。又因其為五百鬼子之母，故俗稱「鬼子母」。在佛經上，她又被稱作「訶梨帝藥叉女」。所謂「藥叉」，就是「夜叉」，意思是「能啖鬼」、「捷疾鬼」，有時作為一種惡魔出現，傳入中國以後，成為惡鬼的代稱。民間常稱一些凶惡的女人為「母夜叉」。《水滸傳》中的「母夜叉」孫二娘賣過一陣子人肉包子，她的形象不言而喻。不過，訶梨帝母這位母夜叉，模樣卻極為秀麗，佛經《大藥叉女歡喜母並愛子成就法》對她的畫像、塑像有詳細描繪：

隨其大小，畫我歡喜母。作天女形，極令殊麗，身紅白色天繒寶衣，頭冠耳璫，白螺為釧，種種瓔珞，莊嚴其身。坐寶宣臺，垂下右足。……於其左右，並畫侍女眷屬，或執白拂，或莊嚴具。

這哪裏是個母夜叉？簡直是個儀態萬方的女菩薩！這麼一位漂亮的女神，當初為何依靠吃人為生呢？

在《佛說鬼子母經》、《大藥叉女歡喜母並愛子成就法》、《毘奈耶雜事》等經書中，記載了訶梨帝母的成神傳說：

往昔王舍城中有獨覺佛出世，為設大會。有五百人各飾身共詣芳園。途中遇懷妊牧牛女持酪漿來，勸同赴園。女喜之舞蹈，遂墮胎兒。諸人等舍之赴園內，女獨止而懊惱。便以酪漿買五百菴沒羅果，見獨覺佛來女旁，頂禮而供養之。發一惡願曰：「我欲來世生王舍城中，盡食人子。」由此惡願捨彼身，後生為王舍城娑多藥叉長女，與健陀羅國半叉羅藥叉長子半支迦藥叉婚，生五百兒。恃其豪強日日食王舍城男女。

佛以方便隱鬼女一子。鬼女悲歎求之，知在佛邊。佛曰：「汝有五百子，尚憐一子，況餘人只有一二耶？」乃教化之授五戒，為鄔波斯迦（即優婆夷，指受五戒的在家女居士、佛教女信徒）。鬼女曰：「今後無兒可食者。」佛曰：「勿憂。於我聲聞弟子每食次呼汝及兒名，皆使飽食。汝於我法中勤心擁護伽藍及僧尼。」鬼女及兒皆歡喜。

這是一個典型的勸惡從善的佛教故事。佛祖略施小技，即使惡魔歡喜皈依，不過是在宣揚「佛法無邊，回頭是岸」。

鬼子母因有痛失愛子的深切體會，在兒子失而復得並皈依佛教後，鬼子母便發誓保護小兒，成為婦女兒童的保護神。後又將鬼子母與婦女生育聯結起來，如同中國的送子娘娘。佛教密宗專有「訶利帝母法」，為祈禱婦女順利生產而修之密法，在婦女產時修此法，稱訶利帝母法會。修法時唸《訶利帝母真言經》（一卷，唐不空譯）。

古代印度寺廟對鬼子母奉祀頗盛，常在門屋處或食櫥邊供養鬼子母以求福。鬼子母傳到中國後，多與其他十九天排列在大雄寶殿佛祖的兩側，作為拱衛天神。但中國百姓卻愛將其視為送子娘娘、送子觀音來單獨禮拜，對她的訶利帝母的身世是不大了解的。著名的大足石刻北山一二二號窟即訶利帝母窟。

窟中所雕鬼子母，完全被漢化，是一中國古代貴婦人的形象：頭戴鳳冠，身著敞袖圓領寶衣，腳穿雲頭鞋，坐於中式龍頭靠背椅上。左手抱一小孩，右手放在膝上。左右侍女各一。窟左壁刻一肥胖乳娘，抱一小兒，敞胸哺乳。全窟共刻小兒九個，有站有坐，或伸臂或屈腿，天真爛漫，栩栩如生。

這座「訶梨帝窟」又叫「送子殿」，窟門口還刻有一副對聯：

祥麟不祚無緣嗣；
威鳳偏臨積善家。

本來按照佛教說法，人生在世就是痛苦，所謂「苦海無邊」。修行的目的是為了求得解脫，即跳出「六道輪迴」，不生不死。主張不生，即不能要子嗣，這與中國傳統的儒家忠孝思想相違背。因此從漢至唐，儒、釋之間曾多次進行激烈論爭。有時論爭的結果對佛教很不利，佛教徒為了擺脫困境，便對儒家的忠孝等觀點進行了一些讓步，吸收了儒家的一些說法，出現了某種程度的儒釋合流，以至後來的儒釋道三教合一。於是佛教中出現了掌管人間生育的菩薩，鬼子母即為其一。

娑竭羅龍王

娑竭羅龍，又叫娑伽羅龍。娑竭羅為梵文Sāgara的音譯，意為鹹海，合為「鹹海之龍」。其實，古印度佛教中的龍是與中國龍不同的，本指蛇。印度是多蛇國家，古印度人將蛇作為一種靈物崇拜。佛教產生後，印度人認為佛陀具有鎮服蛇的神力，於是佛教徒便將蛇作為佛教的護法神之一進行崇拜。佛教傳入中國以後，中國的佛教徒便將其與中國的傳統靈物——龍，合為一體了。

中國龍王（清）

《妙法蓮華經》羅列了八個龍王，《華嚴經》則謂有十大龍王，其中都有娑竭羅龍王。佛教也稱龍王可興雲降雨，《華嚴經》說，無量諸大龍王「莫不勤力興雲佈雨，令諸眾生熱惱消滅。」

娑竭羅龍王的女兒在佛教界的名氣不小，遠遠超過了父親。她就是觀音菩薩的脅侍——龍女。龍女年方八歲，詣靈鷲山見佛祖，將一顆價值三千大世界的寶珠——大概是龍宮最珍貴的寶物，獻給了釋迦牟尼，於是龍女立地成佛！

閻摩羅王

過去有一種十分流行的迷信說法：這個世界分為三個空間，即天間、人間和陰間。天間是玉皇大帝和佛祖為首的神佛們的樂園，人間世俗中成仙得道、修行到家者也能上去。但世俗中的絕大多數並沒有這種福氣，死後都得去陰間報到。陰間的最高主宰，則是東嶽大帝、地藏王和閻王。其實，要論知名度和威嚴，東嶽帝和地藏王在民眾中的影響，遠遠趕不上閻王。俗話說：「閻王叫人三更死，誰敢留你到五更！」請看，閻王爺何等厲害！

東嶽大帝雖被安排為閻王的上司，但這不過是名義上的，大權是掌在閻王手裏，就像今天有的國家的女王、天皇與首相的關係一樣。同樣，地藏王的地位雖也比閻王要高，但他是個「搖橄欖枝」的角色，專管教化，不像「拿大棒」的閻王爺令人膽寒。

閻王和陰間信仰來自外來的佛教，牠們所以能很快為中國民眾所接受，並產生巨大影響，亦與中國古代傳統的鬼魂迷信有直接關係。

中國古代的鬼魂信仰

在原始先民時代，人們對於死亡無法正確認識。當時，人們還不能區分醒時的感覺和夢中的幻覺，把夢當成實有其事，認為有一種可以離開身體的「魂」，能在夢中進行各種活動，等到魂回到身體裏，人也就醒了。一個人死了，別的人也認為他（她）是「睡」著了，只是他（她）的魂離開了身體不再回來了，成了「鬼魂」。對於做夢和死亡這些生理現象的無知，產生了鬼魂信仰。《禮記・祭法》說：「人死曰鬼。」《說文解字》亦謂：「人歸為鬼。」更早的「鬼」字，也是和人的死亡聯繫在一起的，甲骨文的「鬼」字，形象是臉上蓋著一個東西的死人；或形象為頭大身小，鬼頭鬼腦的畸形人，形貌醜惡。這些都說明古人迷信人死後肉體雖會消滅，但還有不死的靈魂——鬼存在著。另有一說，圖形文字的「鬼」，為頭戴猛獸樣面具、屁股上繫著獸尾，在蹣跚作舞的形象。但不知此圖形文字見於何時何處，聊備一說。

北京周口店的山頂洞人為死者放置赤鐵礦粉末，隨葬有石珠、骨墜、有孔獸牙等裝飾品，即為鬼魂崇拜的具體表現。進入奴隸社會，人們為死者修建墳墓，大量隨葬各種生活用品，奴隸主還要人殉、馬殉，這是為了供死者在另一個世界裏「生活」。這另一個世界就是所謂陰間。

佛教傳入中國以後，中國傳統的鬼魂信仰與佛教的因果報應、輪迴轉生觀念相結合，使陰間的地獄之說產生巨大影響。

佛教地獄之說

地獄是梵文Naraka（那珞迦）的意譯，就是指陰間（地下）的大獄。又譯作「不樂」、「可厭」、「苦具」、「苦

地獄閻王殿　（清《點石齋畫報》）

器」等，但都比不上譯作「地獄」形象生動。

地獄為佛門所謂「十界」中之最惡者。十界依次為：佛、菩薩、緣覺、聲聞、天、人、阿修羅、畜生、餓鬼、地獄。前四者稱為「四聖」，後六者稱「六凡」、「六道」。四聖是已脫離生死輪迴之苦、超凡入聖的「聖者」，諸佛、眾菩薩，以及緣覺（辟支佛）、聲聞（阿羅漢）們在各種「淨土樂園」中逍哉遙哉，永遠享樂；而六道則在「穢土」中輪迴往復，沒完沒了。六道中的後三道即畜生、餓鬼、地獄，又稱「三惡道」或「三惡趣」，而地獄則為惡道之最。

一殿秦廣王將　（清）

佛教的地獄並非一座、幾座，其數量之多，名目之繁，刑罰之酷，都遠遠超過了人間的牢獄。大致有以下幾類：

一、**根本地獄**。包括八大地獄（又叫八熱地獄）和八寒地獄。八大地獄據稱在南贍部洲下面，《俱舍論》說在地下六十萬里處，深廣各六十萬里，就是說佔據空間二十一億六千萬立方里！分別為：

1. 等活地獄：罪人在此互相殘殺，涼風吹來死而復活，繼續活受罪。
2. 黑繩地獄：以黑鐵繩絞勒罪人。

3.眾合地獄：以眾獸、眾刑具一同施於罪人。

4.號叫地獄：罪人在此痛楚無比，淒切悲號。

5.大叫地獄：比前獄受苦楚更甚，大聲號叫。

6.炎熱地獄：以銅鑊、炭坑煮烤罪人。

7.大熱地獄：罪人所受煮烤比前獄更甚。

8.阿鼻地獄：是梵文音譯，即「無間地獄」。凡造「十不善業」的重罪者墮入此獄，罪人在此備受諸刑，一刻不停，無有間隙，故稱「無間地獄」。「十不善業」包括(1)殺生；(2)偷盜；(3)邪婬；(4)妄語（虛誑語）；(5)兩舌（離間語）；(6)惡口（粗惡語）；(7)綺語（雜穢語，語含淫意者）；(8)貪欲；(9)瞋；恚；(10)；邪見。

以上八大地獄見《俱舍論》卷八，並稱這八大地獄是一層層豎著排列的。而在此八處熱地獄之外的八寒地獄，則是橫著排列的。

八寒地獄又叫八寒冰地獄，名目如下：

1.頞哳吒（意為「疱獄」）：入者身寒生疱。

2.尼剌部陀（意為「胞疱獄」）：入者身寒疱破。

3.阿吒吒：此為象聲，入此獄者唇舌凍僵，發出「阿吒吒」的顫聲。

4.臛臛婆：象聲，入此獄者凍得口發「矐矐婆」寒戰聲。

5.虎虎婆：象聲，入此獄者凍得不能作聲，只喉嚨作「虎虎婆」聲響。

6.嘔缽羅：入此獄者，身體凍裂如青蓮花。

7.缽特摩：入此獄者，身體大折裂，如紅蓮花。

8.摩訶缽特摩：入此獄者，骨折如白蓮花。

蓮花本為佛教的祥瑞聖潔之象徵，佛教傳說佛祖降生前出現的祥瑞相之一，即池沼中突然長滿大如車輪的蓮花。後來佛祖從舌根生出萬道光明，每道光明都化作千葉金色蓮花，每朵蓮花上皆有盤腿坐講六波羅蜜。所以佛教中有大量的「蓮花座」式佛造像。寒冰地獄中，竟以罪鬼凍裂的身體、鮮血淋漓的慘狀，用各色蓮花相喻，實在有悖佛門教義，簡直是對聖潔蓮花的褻瀆！

二殿楚江王歷　（清）

另外，《大智度論》卷十六稱，在八大地獄周圍尚有八炎火地獄，：即：(1)炭（火炭）坑地獄；(2)沸屎地獄；(3)燒林地獄；(4)劍樹地獄；(5)刀道地獄；(6)刺棘地獄；(7)鹹河地獄；(8)銅（熱銅）柱地獄；銅柱地獄大約就是商紂王使用過的炮烙之刑。

二、**近邊地獄**。即遊增地獄。佛教稱八大地獄的每一獄分別又有十六小地獄，以每一獄城之四面門外，各有「爐煨增」、「屍糞增」、「鋒刃增」、「烈河增」四處小地獄，四四一十六，每一獄即有十六小地獄。八大地獄共計有一百二十八小地獄（遊增地獄）。「遊增」者，謂有罪業之眾生，遊此獄，會倍增苦惱。也有的佛書稱八寒冰八炎火合為十六小地獄。《大智度論》卷十六稱：「如是等種種八大地獄，復有十六小地獄為眷屬，八寒冰八炎火，其中罪毒不可見聞。」

三、孤獨地獄。又叫孤地獄。「孤」者，沒有定處，單個存在，據稱有八萬四千之多。分布在山間曠野，樹下水上。《俱舍頌疏》卷十稱：「餘孤地獄各別業招，或多或少，或二或一，所止差別多種，處處不定。或近江河山邊曠野，或在地下空及餘處。」

四、十八層地獄。又叫十八地獄、十八泥犁、十八重地獄。這是世俗最熟悉的地獄名稱。《法苑珠林》說，閻羅王為地獄主，有臣佐十八人（即俗謂判官），分別主管十八層地獄。早在南朝時就已有十八層地獄的說法流行，而且流傳到邊遠地區。《梁書・諸夷傳・扶南國》云：「其後西河離石縣（在山西西部）有胡人劉薩何，遇疾暴亡，經十日更甦。說云：『有兩吏見錄，向西北行，不測遠近，至十八地獄，隨報重輕，受諸楚毒。』」

佛教有一部《十八泥犁經》，「泥犁」為梵語，即地獄。故此經又名《十八地獄經》。一卷。經中述說十八層地獄受苦之慘狀及壽命之長遠。十八層地獄名目如下：(1)泥犁地獄；(2)刀山地獄；(3)沸沙地獄；(4)沸屎地獄；(5)黑身地獄；(6)火車地獄；(7)鑊湯地獄；(8)鐵床地獄；(9)嗟山地獄；(10)寒冰地獄；(11)剝皮地獄；(12)畜生地獄；(13)刀兵地獄；(14)鐵磨地獄；(15)冰地獄；(16)鐵冊地獄；(17)蛆蟲地獄；(18)烊銅地獄（「烊」為焚燒）。

尤需指出的是，十八層地獄不但刑罰殘

三殿宋帝王余　（清）

酷惡毒，令人談虎色變，而且刑期無限。《地獄經》稱，第一層地獄以人間三千七百五十年為一日，三十日為一月，十二月為一年，罪人在此的刑期是一萬年，這還是陰間年歲，換算成人間年歲，則等於一百三十五億年！（須知地球的壽命不過才有五十億年）還有更邪乎此的，從第二層地獄開始，都要比前一獄痛苦二十倍，時間則翻兩番。如此算來，第二獄要服刑二萬年，相當於人世五百四十億年。到了第十八層地獄，受罪的時間會有多長？二十三億億億年以上！這是一個不可想像的巨大天文數字。難怪人們要說：打入十八層地獄，叫他永世不得翻身！

其實，佛教地獄之說並不限於我們所處的地球，比如說八大地獄在地下六十萬里處，而據現代科學得知，地面至地球中心，不過一萬三千里，即使把地球穿透，也不過二萬六千里，八大地獄往哪裏放？再者，地核的溫度高達攝氏三千度至五千度，不要說什麼肉體，連堅硬的岩石都成了熔化的液體，地獄的統治者閻王、判官以及眾多鬼卒如何受得了？

閻王來歷

閻王，又作閻羅、閻羅王、閻魔王、焰摩羅王、琰魔等，為梵文Yamaraja的譯音，意譯為「縛」，縛有罪之人也。閻羅本為古印度神話中的管理陰間之王，在印度古詩集《梨俱吠陀》中即已出現。佛教吸收這種說法，稱其為陰間地獄之主。

閻羅本身又有多種含意。一曰「雙世」，即彼於世中常受苦樂二報之意（《長阿含經・地獄品》）。一曰「雙王」，《玄應音義》說閻羅兄妹二人皆「作地獄主，兄治男事，妹理女事，故曰雙王」。又曰「平等王」，意謂法律面前人人平等，其能平等治罪。慧琳《一切經音義》卷五稱：

「爓魔，梵語，鬼趣名也。義翻為平等王。此司典生死罪福之業，主守地獄八熱八寒以及眷屬諸小獄等，役使鬼卒於五趣（即地獄、餓鬼、畜生、人、天等五道）中，追攝罪人，捶拷治罰，決斷善惡，更無休息。」

還有一種說法，謂閻羅的前身為毗沙國王。《法苑珠林》卷十二：「閻羅王者，昔為毗沙國王。經與維陀如生王共戰，兵力不敵，因立誓願為地獄主。臣佐十八人，領百萬之眾，頭有角耳，皆悉忿懟，同立誓曰：『後當奉助，治此罪人。』毗沙王者，今閻羅王是。十八大臣者，今諸小王是。百萬之眾，諸阿傍（鬼卒牛頭馬面之類）是。」

毗沙國王打不過對手，只好發誓，死後等著瞧！他又要當地獄之王，那數不清的各式地獄，也真夠維陀如生王受的！

以後又有所謂十三冥王之說，此十三王實即十三佛，而且全是高級佛和菩薩，如釋迦、藥師、彌陀、文殊、普賢、觀音、彌勒等，讓這些面慈心善、大慈大悲的佛菩薩，去掌管那些陰森可怖、血淋淋的各種地獄，也太難為他們啦。於是，繼而又出現了漢化的十大冥王即十殿閻君的說法，取代了十三冥王，並一直流傳至今。

十殿閻羅

據《玉曆鈔傳》（《玉曆寶鈔》）、

四殿五官王呂　（清）

《閻王經》，十殿閻羅名目、職掌如下：

第一殿，秦廣王蔣。二月初一日誕辰。專司人間夭壽生死，統管幽冥吉凶。善人壽終，接引超生。功過兩半者，交送第十殿發放，仍投人世。男轉為女，女轉為男。惡多善少者，押赴殿右高臺，名曰孽鏡臺，令之一望，照見在世之心好歹，隨即批解第二殿，發獄受苦。

第二殿，楚江王歷。三月初一日誕辰。掌管活大地獄，此獄又叫剝衣亭寒冰地獄，另設十六小地獄。凡在陰間傷人肢體，奸盜殺生者，推入此獄，另發應到之小獄受苦。期滿轉押第三殿加刑發落。

第三殿，宋帝王余。二月初八誕辰。掌管黑繩大地獄，另設十六小獄。凡陽間忤逆尊長、教唆興訟者，推入此獄，另發應至幾重小獄受苦，期滿押至第四殿。

第四殿，五官王呂。二月十八誕辰。掌管合大地獄，又叫剝戮血池地獄，另設十六小獄。凡世人抗糧賴租、交易欺詐者，推入此獄，另再發小獄受苦，滿日發至第五殿。

第五殿，閻羅天子包。正月初八誕辰。這位包閻羅本居第一殿，因憐屈死，屢放還陽伸雪，降調此殿。掌管叫喚大地獄並十六誅心小獄。凡解到此殿者，押赴望鄉臺，令之聞見世上本家因罪遭殃各事，隨即推入此獄，再發誅心小獄，鉤出其心，擲與蛇食。期滿，發第六殿。

第六殿，卞城王畢。三月初八誕辰。掌大叫喚大地獄及枉死城，另設十六小地獄。凡世人怨天尤地，對北溺便涕泣者，發入此獄。再發小獄受苦。滿日轉第七殿。

第七殿，泰山王董。三月二十七誕辰。掌熱惱地獄，又叫碓磨肉醬地獄。另設十六小獄。凡陽間取骸合藥，離人至戚者，發入此獄，再發小獄受苦。期滿押解第八殿。

第八殿，都市王黃。四月初一誕辰。掌大熱惱大地獄，又叫熱惱悶鍋地獄。另設十六小獄。凡在世不孝，使父母翁姑愁悶煩惱者，擲入此獄，再交各小獄加刑。受盡苦楚，解交第十殿，改頭換面，永為畜類。

第九殿，平等王陸。四月初八誕辰。掌管地獄中最黑暗的一座——酆都城鐵網阿鼻（無間）地獄並十六小獄。凡陽間殺人放火、斬絞正法者，解到本殿，用空心銅柱使其手足相抱，燙燼心肝，然後發阿鼻地獄受刑，直到被害者個個投生，方准提出，解交第十殿發六道。

第十殿，轉輪王薛，四月十七日誕辰。專司各殿解到鬼魂，分別善惡，核定等級，發四大部洲投生。男女壽夭，富貴貧賤，逐名開列清單，每月匯總通知第一殿註冊。凡有作孽極惡之鬼，著令更變胎卵濕化，朝生暮死。罪滿之後，再復人生，投胎蠻夷之地。

這套漢化的十殿閻羅是仿照人間官衙而設置的，地獄天堂、因果報應的說教更加具體形象化。不過，這套理論雖然編造得十分圓滿，但卻有些不講理。例如凡世人怨天尤地，對北大小便和涕泣者，要押到大叫喚大地獄和枉死城受苦。由於世道不好，或是天災人禍，乃至老爺們奸惡腐敗，禍國殃民，老百姓們發點牢騷何罪之有？連發點牢騷的權利都沒有，這社會黑暗得已如地獄了！而且這套理論也太不合理，太不公

五殿閻羅王包（清）

平。細觀地獄中無數受苦者，基本都是人間中下層人，看來，地獄也是專為老百姓設置的！中國歷史上出現了多少昏王暴君、奸相佞臣，他們虐殺百姓、無惡不作，禍國殃民、認賊作父，他們本該是應下地獄的！可地獄中不曾提過一句。

當然，地獄中也關押了不少在世間作惡多端的壞人，在世上未能受到應有懲罰，即將他們打入地獄，受各種酷刑。這也曲折地反映了人們要求「善有善報，惡有惡報」的一種美好願望，雖然這願望十分天真而可憐。

其實，漢化的十殿閻羅不過是古代人間官府衙門的翻版，只是完全「鬼」化了。人們在現實生活中很難得到公正，於是極希望陰間之主閻王爺能鐵面無私，主持正義，故隋唐以後，民間就流行某些剛正之人死後為冥王的說法，所謂「人之正直，死為冥官」。這些各代閻羅王不可數計，但最有名、影響廣泛者，也不過只有幾位。

中國閻王

中國閻王著名者有韓擒虎、范仲淹、寇準等。韓擒虎之做閻王，見於正史《隋書・韓擒虎傳》：其鄰母見擒（虎）門下儀衛甚盛，有同王者，母異而問之。其中人曰：「我來迎王。」忽然不見。又有人疾篤，忽驚走至擒家曰：「我欲謁王。」左右問曰：「何王也？」答曰：「閻羅王。」擒子弟欲撻之，擒止之曰：「我為上柱國，死作閻羅王，斯亦足矣。」因寢疾，數日竟卒，時年五十五。

韓擒虎（《隋書》避唐高祖李淵之祖父李虎諱，省去「虎」字）死作閻羅王的傳說，被載入正史，可見當時中國閻羅影響之深。

敦煌變文中有一部《韓擒虎話本》，敘述了韓擒虎率兵破陣，活捉陳叔寶以及擔任和蕃使，以高超射藝威震單于君臣事。後五道將軍奉天符之命請韓擒虎為陰司之王，擒虎特請假三日，隋文帝為他舉行了盛大的告別宴會。第三日，忽有一紫衣人，一緋衣人乘黑雲來至殿前，自稱「原是天曹地府，來取大王」上任。於是韓擒虎辭別皇上諸臣及家小，到陰間走馬上任去了。

韓擒虎雖為一員虎將，但其隊伍軍紀不佳，他做閻羅是不大合格的。

比較起來，寇準和范仲淹死後為閻羅的傳說，要比韓擒虎理想多了。寇準是北宋名相，為人剛正，力主抗遼，又曾在刑部任職，符合條件。在流傳極廣的《楊家將》故事中，「寇準背靴」膾炙人口，這是一位很得人心的人物，讓寇準死後為冥主，符合人民的願望，故《宋人軼事匯編》卷五中，即有寇準「當為天下主者，閻浮提王（即閻羅王）也」的說法，甚至有人在驛舍旁，掛起寇準圖像，上面寫著：「今作閻羅王。」（《通俗編》）寇閻羅當時受歡迎的情形，可以想見。

范仲淹也是北宋名臣，曾作過龍圖閣直學士，被尊為「龍圖老子」。范仲淹正直敢言，不怕得罪權貴，他以「先天下之憂而憂」名垂青史。宋人龔明之在《中吳紀聞》中，記載了「范文正公（范仲淹）亦為閻羅

六殿卞城王畢 （清）

王」的傳說。

但古代最為著名的中國閻王，還得屬包公包青天。包公即包拯，是北宋大臣，做過龍圖閣直學士、開封知府，以剛正敢言、不畏權貴、執法嚴峻、屢平冤獄著稱於世。包公是中國古代最著名的清官，有關他的斷案故事流行極廣，長篇公案小說《包公案》是包公斷案故事的集大成。元明時的包公戲也有不少，直到今天，《秦香蓮》仍深受人們歡迎。包拯為閻羅的說法，在宋時就已流行，當時有句俗話：「關節不到，有閻羅包老。」

著名長篇俠義公案小說《三俠五義》中，包公審理「狸貓換太子」一案時，就有巧設森羅殿，裝成閻羅，審出郭槐口供的情節。又有所謂「遊仙枕」可去陰曹地府，故民間流傳著包拯「日斷人間，夜斷陰間」的說法。在傳統戲劇《鍘判官》中，就有包公下陰曹，探陰山，鍘了徇私的判官等情節。四川酆都民間，還流傳著包公死後做了陰曹大臣，鐵面無私，興利除弊，協助閻羅天子廢除受禮受賄之「陰律」的故事。

酆都「鬼城」與蒲縣「十八層地獄」

陰曹地府和十八層地獄，是佛教的宣傳，後被道教沿用，為了給這一說教找到理論根據，於是在中國的土地上出現了一座「鬼城」。這就是四川東部長江之濱的酆都城（豐都）。

豐都成為「鬼城」與道教有密切關係。這裏有座風景優美的平都山，為道教七十二福地之第四十五福地，據東漢《列仙傳》和晉・葛洪《神仙傳》說，漢代的王方平、陰長生曾棄官來此修道，最終成仙飛升。王、陰二仙的名聲一大，招得不少仙人來此拜訪，據說麻姑來訪過王方平，但未遇，至今這裏還有她住過的「仙姑岩」、「麻姑洞」。呂洞賓也訪過王、陰二人。以後，「王陰」二仙漸被誤傳為「陰王」，又訛為「陰間之王」，進而豐都便成為閻羅王主宰的陰曹地府所在地了。另外，東漢末，五道米教在四川十分盛行。豐都在漢代屬巴郡，為早期道教的傳習中心之一，五斗米道吸收了不少巫術，被有些人稱為「鬼道」，道中的巫師稱「鬼吏」，早期道教信仰也是神仙人鬼混雜，這些也促成了「鬼城」的形成。於是豐都平都山的「仙氣」逐漸為「鬼氣」所代替，一大批陰間鬼神湧入「鬼城」——鬼國京城豐都。由於《西遊記》、《鍾馗傳》等神魔小說的渲染，豐都以假成真，自宋以來，歷代在此按陰曹地府的設想，修建了一整套建築，使鬼城更加名副其實。這裏的主要迷信名目有：

一、**路引**。迷信宣傳，說世間人死後，幽靈必須拿著閻羅王發的「護照」——所謂「路引」，經過把守鬼門關的小鬼驗照，才能進入鬼國。然後聽從陰間政府的發落，安排「來世」。所謂「路引」，是一張長三尺、寬二尺，用黃標紙印成的，印製粗糙，成本很低。上面印有「酆都天子發給路引」，「普天之下必備此引，方能到酆都地府轉世升天」，上端為閻羅畫像，下端有「酆都天子」、「酆都城隍」和「酆都縣府」三顆大紅印章。

舊時，人們為了給自己留條後路，早得「超生」，紛紛購買路引，豐都的路引暢

七殿泰山王董　（清）

銷全國各地，甚至東南亞諸國。這對豐都的和尚姑子來說，真是一本萬利的好買賣！

二、奈河橋。原為明朝蜀獻王所建，叫「通仙橋」，意為走過它便可以得道成仙。後來這三座石拱橋被叫做「奈河橋」。「奈河」，是佛教所說的地獄中的河名，《宣室志》卷四云：「（董觀）行十餘里，至一水，廣不數尺，流而西南。觀問習，習曰：『此俗所謂奈河，其源出於地府。』觀即視，其水皆血，而腥穢不可近。」又說此河上有橋名「奈河橋」（又作「奈何橋」）。此橋險窄，惡人鬼魂過此會墮入河中，被惡鬼毒蟲所食，所謂「銅蛇鐵狗任爭餐，永墮奈河無出路」（《西遊記》第十回）。至於生前為善者過此橋，則可順利通過，再投生為人。如此，這座「仙橋」變成了「鬼橋」。

此橋下鑿有一池，稱「血河池」。可笑的是舊時一些善男信女到橋前燒香化紙、施捨錢物，以求死後神佛保佑過橋。僧尼們生財有道，每年香會期間，故意在青石橋面上塗滿桐油、蛋清，過橋者尤其老人小腳女人常會摔倒，於是誠惶誠恐地掏腰包給閻王爺上供，以消災免禍。

三、鬼門關。從玉皇殿上行有一座漆黑山門，血銹般的橫匾上有「鬼門關」三個大字。傳說人死後到鬼國，必須經過這座森嚴的關口。這裏古木成林，枝條上烏鴉群群，冷風颯颯，氣氛陰森。

四、五雲洞。在二仙樓東側，深不見底。傳說是陰長生煉丹之井，又說是陰曹地府的入

八殿都市王黃　（清）

口。舊時，香客常將燃著的紙錢擲入洞中，地風瑟瑟，紙錢飛旋而下，習習有聲，山僧謂是「群鬼搶錢」。

鬼城的迷信內容還有登天梯、望鄉臺、孽鏡臺等，這裏的十王殿和十八層地獄塑像也很有名。另一處享有盛名的十八層地獄塑像，是在山西蒲縣柏山東嶽廟。廟宇規模宏大，布局完整，有各種建築六十餘座。最富特色的是十八層地獄，為表現陰曹地府，故全部建在地下，由十五孔窯洞組成（其中三孔窯洞各分為兩層），內塑五嶽大帝、十殿閻君和六曹判官等，高與人等。另外還塑有各種鬼吏和刀山、油鍋、碾磨、鋸解等群像，總計一百二十餘軀，是我國現存寺廟中罕見的明代泥塑地獄群像。

佛教還有一種水陸畫，是寺廟裏舉行水陸道場（又叫水陸法會、水陸齋等）時懸掛的一種宗教畫。水陸道場源於印度，佛書稱：阿難嘗夜夢餓鬼向他求食，阿難遂設水陸道場，施食救度一切餓鬼。據稱始自南朝梁武帝。據說，凡被超度過的怨鬼、孤魂，皆可免罪升天，故後世盛行不衰。水陸畫每套多達上百幅，其中即有陰曹地府內容，如十殿閻羅、六曹四司判官、五道將軍、牛頭馬面、小鬼夜叉、諸種地獄等。流傳至今的山西寶寧寺的一堂明代水陸畫，共有一百三十九幅，拋開其迷信成分，本身具有極高的文物價值和藝術價值。今天一些著名寺院如北京法源寺和廣化寺、山西寶寧寺等，還珍藏著一些水陸畫。

九殿平等王陸　（清）

地獄黑幕

陰曹地府雖是佛道虛構的幻境，但在一些古典小說和戲劇中卻被描繪得活靈活現。著名者有《西遊記》、《南遊記》、《三寶太監西洋記》、《說岳全傳》、《聊齋志異》、《醉茶志怪》、《鍾馗斬鬼傳》等。

耐人尋味的是，在這些作品中，森嚴冷酷的地獄並非公正無私，各級陰府官吏也非明鏡高懸，而是充滿了齷齪黑暗。在《三寶太監西洋記》裏，金蓮寶象國總兵官姜老星、爪哇國咬海干、圓眼帖木兒、盤龍太子和百里雁等五個鬼，為國捐軀後還在陰曹地府中被判刑，他們氣憤地大叫：「崔判官受私賣法，查理不清。」然後一擁而上，奪去了判官的筆管和生死簿，打掉烏紗帽，扯碎了皁羅袍，蹬斷了牛角帶，扒掉了皁朝靴，鬧得判官狼狽不堪。（第九十回）此即所謂「五鬼鬧判」也。就是這位崔判官，見該還陽的劉氏年輕美貌，竟將劉氏扣下，霸佔為妻。（第八十七回）

十殿轉輪王薛　（清）

在《聊齋志異》的「席方平」中，席方平的父親，因仇人羊大戶在陰間買通冥吏，死後備受苦楚。席方平十分憤怒，靈魂出殼，去陰曹替父伸冤。但城隍、閻羅皆受賄包庇羊大戶，並對席方平施以坐火床燒烤、鋸解其身等酷刑，席大喊道：「受刑允當，誰教我無錢耶！」真是有錢能使鬼推磨！席方平是條硬漢子，最後找到二郎神，告倒了閻王、城隍、判官，使他們受到了懲罰。

傳統京劇《鍘判官》中，判官張保為開脫在人間害死人命的外甥李保，竟私改「生死簿」，讓無辜的書生顏查散代死。這個張判官是個徇私舞弊、草菅人命的贓官。

鬼王、鬼頭尚且如此，那些小鬼更是肆無忌憚、為非作歹。俗話說：「閻王好見，小鬼難挨。」這些幫凶們仗勢欺人，到處為害。

森嚴的陰曹地府如此腐敗與黑暗，其實並不奇怪，本來它就是不公平的現實社會的折射和翻版！

天龍八部

天龍八部又叫「龍神八部」、「八部眾」，是佛教八類天神。具體如下：

一、**天眾**。天即神。《金光明經疏》曰：「外國呼神，亦名為天。」如護持佛教的大梵天、帝釋天、四大天王、大功德天、韋馱天、閻魔王等二十諸天即是。

二、**龍眾**。傳說中管興雲降雨之神。《華嚴經》中載有無量諸大龍王，如毘樓博叉龍王、娑竭羅龍王等，莫不勤力，興雲佈雨，令眾生熱惱消滅。

三、**夜叉**。

四、**乾闥婆**。是香神或樂神。原為婆羅門教崇拜的群神，《阿闥婆吠陀》說有六千三百三十三個。據稱是奉侍帝釋天而司奏伎樂之神。《大智度論》卷十稱；乾闥婆王「至佛所彈琴贊佛，三千世界皆為震動」。這是一大批專為佛唱贊歌的佛門音樂家。

五、**阿修羅**。原為古印度神話中的

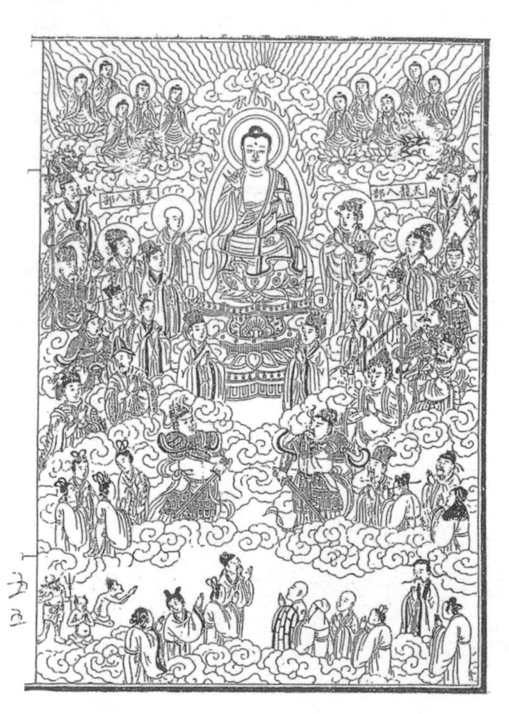

天龍八部 （清）

一種惡神。阿修羅有容貌醜陋之義，佛教收為護法神。

六、迦樓羅。金翅鳥，其大無比，兩翅相去三百三十六萬里！這要比莊子〈逍遙遊〉中的鯤鵬大得多了。《探玄記》卷二說，南贍部洲只能容其一足！此鳥以龍（蛇）為食，可除毒蛇之害，有益於眾生。這位迦樓羅，在中國被說成是在佛陀頭上的一個護法神——大鵬金翅鳥。《西遊記》中有個獅駝國，三個魔王分別是獅王、象王和大鵬，以三魔頭本領最是了得，連孫悟空也奈何他不得，後來還是被如來佛祖收伏，現本相為大鵬金翅鳥，在如來頭頂光焰上做了個護法神。《說岳全傳》則說，一日我佛如來正在講經說法，一個女土蝠一時忍不住，放了個屁，這下惹惱了佛頂上頭一位護法神祇，名為大鵬金翅明王，將女土蝠一嘴啄死。後來大鵬金翅鳥被如來貶到東土投胎，即是岳飛，那個女土蝠也投胎東土，作了秦檜的老婆王氏。小說把奸邪害忠良，塗上了因果報應的迷信色彩。

七、緊那羅。歌神。前邊提到的乾闥婆為奏俗樂的樂神，即流行歌曲演奏演唱家。而緊那羅則為奏法樂之天神，即嚴肅音樂演奏演唱家。參見〈緊那羅王〉一節。

八、摩睺羅迦。大蟒神。

以上為八部眾，因天眾和龍眾最重要，故統稱天龍八部。天龍八部中許多

迦樓羅　（清）

神來自婆羅門教和印度古代神話，其中還有一些惡神，說是護法，其實主要是對付異教徒的。這樣一來雖說壯大了佛教的勢力，卻也難免魚龍混雜。威武的四大天王和英俊的韋馱確給佛門增色不少，但一群群公夜叉、母夜叉護持著佛祖，總讓人感到不大舒服。

三臂瑪哈噶拉神像（清）

緊那羅王

隨著《少林寺》、《南北少林》等以少林寺為招牌的一大批武打功夫片的擁入影視界，少林寺的大名也響徹全球，少林寺似乎成了中國武術的源頭和代表，少林寺也理所當然的成為國內外嚮往的武林勝地。

與一般寺廟不同的是，少林寺既是佛教禪宗的祖庭，又是少林功夫的發源地；一寺兼具佛、武，確實古今罕見。寺內的許多古蹟皆與佛、武有關。其中著名的緊那羅殿，即與所謂「棍仙」有關。

緊那羅殿在全國大概是「獨一份兒」，為少林寺所獨有。殿內供奉緊那羅王，共有三尊神像，模樣十分奇特：蓬著頭髮，濃眉杏眼，袒胸赤腳，身穿單褲手握燒火棍。樣子一點不像神，倒是一副道地的武林人物。這三位分別為緊那羅王的持法法身、護法法身和妙法法身。法身頭頂塑有一縷裊裊青煙，煙霧上面有赤腳而立的觀音像。

緊那羅被少林僧徒尊為少林寺的護法伽藍，又叫他「二輩爺」。「二輩爺」是指被李世民敕封為大將軍的曇宗和尚。這位「二輩爺」又被少林僧尊為棍仙，稱其為「山門顯武第一人」。寺內白衣殿壁畫上記載了有關他的傳說。

據說，元代至正十一年（公元一三五一年）三月二十六日，一隊紅巾軍突然包圍了少林寺。寺內武僧出來阻擋，皆大敗而歸。群僧束手無策時，從寮廚內跑出一個燒火和尚，一看，正是十多年前從偃師縣許家屯來的那個長年蓬頭赤腳，只知幹活的「火頭軍」。只見燒火和尚挺身而出，掄棍陷敵陣，聲如吼，動如閃，卻敵於一霎間。之後自稱緊那羅王，飛仙而去。

據地方史志《嵩書》、《登封縣志》及《少林寺志》等皆載有元末紅巾軍圍少林寺，遭少林武僧抗擊而退卻事。在白衣殿內，少林僧徒還繪製了《緊那羅王禦紅巾》的巨幅彩色壁畫，並編寫了《緊那羅王兵法十五篇》。寺內還有不少形態各異的各種鐵製、銅製的緊那羅王像。有名的達摩亭內達摩祖師的佛龕背後，就雄立著一尊手持大棍、威風凜凜的緊那羅王鐵像。直到如今，緊那羅王禦紅巾的故事還在少林寺中流傳著，尤其是武僧們對緊那羅王更是崇拜。

說來可笑，緊那羅王的本來面目根本不是什麼戰神，而是一個歌神、一個樂神。緊那羅，梵文為Kiṃnara，過去譯作「人非人」、「疑神」，新譯為「歌神」。為佛教天神「天龍八部」之一。《文句二》卷下說其「似人而有一角，故曰『人非人』，天帝法樂神，居十寶山。」緊那羅又稱「音樂天」，其「神跡」相當簡單：

> 真陀羅，古作緊那羅。音樂天也。有微妙音響，能作歌舞。男則馬首人身能歌，女則端正能舞。次此天女，多與乾達婆天（亦為天龍八部之一，香神）為妻室也。（《一切經音義》卷十一）

看來緊那羅還有男女之分，男性其貌不揚，長著個馬頭，唱起歌來不知是否如馬嘶鳴？女性則相貌端莊，有一副絕妙的好嗓子。據說有五百仙人在山中修禪，當時緊那羅女正於雪山天池中洗澡，洗得暢快，不禁唱起歌來。迷人的歌喉，唱得五百仙人慌了神兒，「即失禪定，心醉狂逸，不能自持，譬如大風吹諸林樹」（《大智度論》卷十七）看來五百仙人的禪定基本功也忒差了點，只聞其音未見其人，即「心醉狂逸，不能自持」，若見了漂亮女人那還了得！

更有趣的還有吶，《大智度論》說，有五百仙人騰雲駕霧，在空中飛行，好不逍遙得意。忽然傳來了緊那羅女的「靡靡之音」，大仙們頓時骨軟筋麻，如醉如癡，忘乎所以，道術一下失靈，「皆失神足」，紛紛從空中栽落塵埃。此番情景倒也新奇有趣，煞是好看！

至於少林寺所傳緊那羅王化為火頭軍大戰紅巾軍的故事，該是一位武藝高強的燒火和尚在冒名頂替。只是這種冒名已走了樣，離了譜，完全是中國式的緊那羅王了。

羅漢

十六羅漢是釋迦牟尼的弟子。佛經上講，他們是受了佛的囑咐，不入涅槃，常住世間，受世人的供養而為眾生作福田。十六羅漢（後發展為十八羅漢）常供奉於大雄寶殿的兩側。十六羅漢的名目的典據，主要是唐代玄奘所譯《大阿羅漢難提密多羅所說法住記》（簡稱《法住記》）。這位難提密多羅大羅漢，意譯「慶友」，據稱是佛滅後八百年時師子國（又稱獅子國今斯里蘭卡）人。據《法住記》，十六羅漢名目如下：

第一賓頭盧尊者。又稱賓頭尊者，全稱賓頭盧突羅闍或賓度羅跋羅惰闍。出身婆羅門貴族，原為拘舍彌城優填王的大臣。賓頭盧出家後，證得了阿羅漢果。他雖然當上了羅漢，但是還留著個大毛病，即愛在人前賣弄本事。有個樹提伽長者，是位外道人物。一天他把一個旃檀鉢放在

十六尊者　（唐·貫休繪）

網子裏掛在了高處，說：「誰能不用梯子、杆子取下，就送與他。」賓頭盧聽了很動心，就拉著師兄目連去摘，目連怕惹事沒敢去。賓頭盧便「逐身飛空，得鉢已還去」。釋迦牟尼佛聽說此事非常生氣，呵責他道：「何比丘為外道鉢而於未受戒人前現神通力！」（《法苑珠林》卷四十二）於是，佛祖罰他常住於世，不得涅槃，護持弘揚佛法。

這位白頭長眉羅漢，還常被安置在禪林僧堂中央，每日設食供之。《高僧傳・道安傳》說，因道安夢此羅漢要讓他「時時設食」，以後寺內食堂供其像成為制度（也有設文殊或憍陳如像的）。

第二迦諾迦伐蹉尊者。據《佛說阿羅漢具德經》說，他是「知一切善惡法之聲聞」。

第三迦諾迦跋釐惰闍尊者。

第四蘇頻陀尊者。

第五諾距羅尊者。

第六跋陀羅尊者。意思是「賢」，是佛的一名侍者。據稱他主管洗浴事，有些禪林浴室供其像。

第七迦理迦尊者。

第八伐闍羅弗多羅尊者。

第九戍博迦尊者。

第十半托迦尊者。又叫般陀。翻成漢話叫「路邊生」。原來這位羅漢是個私生子。《善見律》卷十六云：

般陀，漢曰「路邊生」。般陀之母，為大富長者女。與家奴通，逃於他國，久而有孕，垂產思歸。於中路產子，如是復生弟。長名莫訶般陀，弟名周羅般陀。換成漢話，兄叫「大路邊生」，弟叫「小路邊生」，兄聰明而弟愚鈍，後二人出家皆為羅漢。弟弟又叫注荼半托迦，為第十六羅漢。

第十一羅睺羅尊者。是佛祖唯一的親生兒子，後隨父出家，證阿羅漢果，為十大弟子之一，稱「密行第一」。

第十二那伽犀那尊者。

第十三因揭陀尊者。

第十四伐那婆斯尊者。

第十五阿氏多尊者。

第十六注荼半托迦尊者。

羅漢們「不入涅槃，常住世間，同常凡眾，護持正法，饒益有情」，很受僧俗們的歡迎和崇奉。歷代著名畫家都愛畫他們的像，如王維、貫休、李公麟、趙孟頫、仇英等，傳世佳作不少。十六羅漢雕像，最早為杭州煙霞洞吳越國所造。

五代時羅漢像十分流行，一些畫家又增畫了兩位，於是漸而發展為十八羅漢。蘇軾說第十七位是慶友（《法住記》的作者），第十八位是賓頭盧。這第十八位與第一位是同一人，只是一個用了全稱，一個用了簡稱。有人推測這第十八位應是《法住記》的譯者玄奘，這也有些道理。後有人又說這第十七、十八羅漢是迦葉和君屠鉢歎或是迦達摩多羅與布袋和尚。最後，乾隆帝「欽定」為第十七降龍羅漢（迦葉尊者）、第十八伏虎羅漢（彌勒尊者）。藏傳十八羅漢則加摩耶夫人（釋迦牟尼生母）和彌勒。

十八羅漢後來居上，取代了十六羅漢，產生了廣泛影響。除大量繪畫、雕塑外，他們還活躍在戲曲舞臺上。根據《西遊記》有關內容改編的京劇《十八羅漢鬥悟空》和《十八羅漢鬥大鵬》都是彩頭武打戲，又熱鬧又好看，擁有廣大觀眾。

由於羅漢在世俗中很吃香，隊伍不斷壯大，後來竟有五百羅漢之說。關於五百羅漢的來歷也有不同說法。

一、**跟隨釋迦牟尼聽法傳道的五百弟子**。《法華經・五百弟子授記品》中說，佛曾為五百羅漢授記（為弟子預記未來成佛事）。

二、**參加第一次結集三藏或第四次結集三藏的五百比丘**。《佛五百弟子自說本起經》記載佛滅後，迦葉主持五百羅漢第一次結集事。南傳佛教有五百羅漢第四次結集的說法。

三、**五百隻大雁所化**。《賢愚經》卷十三和《經律異相》卷四十八說，佛在波羅捺國為四眾說法，時空中有五百雁聞佛音聲，愛樂之，來下世尊所。時有獵人設網捉住五百雁，並全部殺死。五百雁以聞法功德而得以生忉利天（即

釋迦佛祖與十六羅漢　（清）

三十三天）。又，《報恩經》卷四說：昔有國王欲得雁肉，使獵師捕雁。時有五百雁過虛空，雁王誤落網中。獵師大喜，將取殺之，有一雁來，悲鳴於雁王。五百雁亦徘徊虛空不去。獵師見之，不忍殺雁王，放之使去。國王聞之斷雁肉。爾時之王即今阿闍世王。雁王為佛。一雁為阿難。五百雁為五百羅漢也。

四、前身為五百蝙蝠。《大唐西域記》卷三記載了這一佛教傳說故事。一大枯樹穴中住有五百蝙蝠，有一群商人在此停留，飢寒交迫，點火取暖，燒到枯樹。一商人樹下誦經，蝙蝠們「雖為火困，愛樂法音，忍而不去，於此命終」。後皆托生為人，普證聖果，成為五百羅漢。

五、五百強盜成羅漢。在古印度憍薩里國裏，有五百強盜佔山為王，後與官軍交戰，全部被俘。五百強盜被挖下了雙眼後，放逐到深山野林。他們絕望的狂奔亂跑，痛苦哭嚎。釋迦牟尼聽見了，大發慈悲，吹去神藥使他們復明，五百強盜遂皈依了佛教，成為佛子。多年以後他們終於脫胎換骨，修得了正果。（見《敦煌壁畫中的佛教故事》中〈五百「強盜」成佛〉）

此外還有一些其他說法。五百羅漢與十六羅漢不同，後者屬實而前者為虛。前兩種說法還較合理，中間兩種是把民間故事按到了佛祖頭上，即所謂「佛本生故事」，最後一種則明顯宣揚「放下屠刀，立地成佛」。

五百羅漢因是虛擬的，這「五百」之數原本也是個虛數，言其多也。以上諸經中並未點明《妙法蓮華經・五百弟子授記品》他們的名號。到了南宋有位高道素花了不少心血，將五百羅漢一一具名，還刻了《江陰軍乾明院五百羅漢名號碑》。此後羅漢堂中的五百羅漢名號，皆援用其名，當然，這些名號根本沒有任何典據，只是高道素的附會之談。

羅漢遠比佛、菩薩接近人間，五百羅漢又聲勢浩大，熱熱鬧鬧，很受僧俗歡迎。各地寺廟紛紛建立羅漢堂。我國最著名的羅漢堂有北京的碧雲寺，成都寶光寺，蘇州西園寺，上海龍華寺，武漢歸元寺，昆明筇竹寺和廣州南華寺等。這些羅漢堂的塑像風格不一，各有特色。

有意思的是，因為羅漢人數眾多，不好分辨，於是一些人也擠進了羅漢群，混跡其中，冒充「羅漢」。清康熙皇帝是個敬奉佛教的帝王，他在遊鎮江金山寺時，曾寫詩道：「朕本西方一衲子，然何落到帝王家。」乾隆也是個敬佛的皇帝，他在位期間下令整理刊行了浩繁的佛教大藏經。這兩位皇帝護法弘經，使佛教極一代之盛。佛教徒為報答皇恩，附會說他們是羅漢轉世。四川新都寶光寺的羅漢堂內，康熙和乾隆被分別塑成第二百九十五闍夜多尊者和第三百六十直福德尊者。二位頭戴風帽，肩披錦氅，身著龍袍，安然而座。這是按二帝的真容塑的，因康熙曾出過大花，於是這位闍夜多尊者的臉上有些麻子，但帝王長麻子也不同凡響，塑像上的麻子是五個一團，臉上像是佈滿了朵朵梅花。北京碧雲寺羅漢堂中第四百四十四位叫「破邪見尊者」，塑像與眾不同，十分奇特：頂盔貫甲，罩袍登靴，一副帝王戎裝打扮。這座羅漢堂建於乾隆年間，這位帝王羅漢正是乾隆本人的塑像。

一般羅漢堂的羅漢造像多是泥塑貼金，或泥塑彩繪而成，但武漢漢陽歸元寺的羅漢像卻是「脫胎漆塑」，體輕質堅，金光燦爛，獨具一格。一九五四年武漢大水，歸元寺為水所淹，五百羅漢東倒西歪浮於水面。洪水過後，這些羅漢竟完好如初，絲毫沒有損害，果真道行不淺。

雲南昆明筇竹寺的五百羅漢像極其生動，完全不同於其他寺廟固定模式的泥胎木雕。就其形象看有長者，有青年，還有頑童（五蘊羅漢身上爬有五個小孩），有學者，有書生，有武士，有貧民，有小販，還有樵夫，這些是當時現實生活中不同階層人物的真實寫照。至於那些長手羅漢、長腳羅漢、長眉羅漢、多目羅漢等形象則是民間傳說故事的再現。這位天才的雕塑家是四川人黎廣修。因為根據禪宗的說法，佛法平等，人人皆可立地成佛。所以他把羅漢塑成世俗各界人物，而且黎廣修還把支持重修筇竹寺的雲貴總督、筇竹寺方丈夢佛長老、自己本人乃至幾個高徒，全都塑進羅漢群裏。這不能不令人佩服這位雕塑家的膽量和魄力。

在羅漢堂裏，還有兩位受歡迎的中國羅漢：濟公和瘋僧。按說羅漢都是佛祖的弟子，應為印度人，但以上這些中國的羅漢給呆板單調的羅漢堂輸進了新鮮血液，增加了靈氣。

十大弟子

中國古代最偉大的聖人孔老夫子據稱有弟子三千人，其中最得意的門生有七十二人。佛祖釋迦牟尼傳教四十五年，弟子也很多，但最得意的門生只有十人，即所謂「十大弟子」。據《維摩詰經・弟子品》和《翻譯名義集》等載，十大弟子為：(1)摩訶迦葉（簡稱迦葉）；(2)舍利弗；(3)目犍連（簡稱目連）；(4)須菩提；(5)富樓那；(6)摩訶迦旃延（簡稱迦旃延），(7)阿那律（也叫阿那律陀）；(8)優波離（也作優婆離）；(9)阿難陀（簡稱阿難）；(10)羅睺羅。傳說他們各有一方面的獨特專能。

這十大弟子都是釋迦牟尼親傳，他們都親耳聽聞佛陀言教而成為覺悟者，因而都是「聲聞」；他們又都獲得了阿羅漢果，因而又都是「羅漢」。

十大弟子中，有六人屬於婆羅門貴族出身，有三人是剎帝利貴族出身，當時佛教的上層集團差不多全是古印度奴隸主階級中的上層人物。

十大弟子的來歷及其特異功能分述如後。

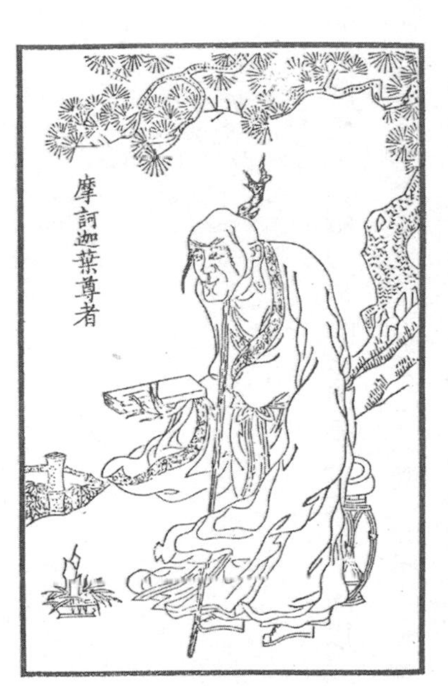

摩訶迦業尊者（清）

迦葉

迦葉，全名「摩訶迦葉」為梵文Mahākāśyapa的譯音。「摩訶」的意思是「大」，所以又叫「大迦葉」。迦葉又譯作「迦葉波」，什麼意思呢?據佛經《佛本行集經》、《增一阿含經》說，迦葉是古印度摩揭陀國王舍城中，一個婆羅門種姓。「迦葉」的意思是龜。據說，其先代學道，一天，看見一隻靈龜從水裏鑽出來，背上托著仙圖送給他。於是，就用龜作為一族的名稱，叫「摩訶迦葉」，翻成漢話就是「大龜氏」。迦葉波，還有另外一個意思：「飲光」。佛經上說，上古時有個仙人叫「飲光」，這位仙人身放光明，並且「能飲諸光，令不復現」。迦葉羅漢是飲光仙人種，也有「飲光」的本事，所以又稱飲光（迦葉）。

至於「龜」與「飲光」二者有何關係，宋代蘇東坡講了一件趣事：「洛下有洞穴，深不可測。有人墮其中，不能出，飢甚。見龜蛇無數，每旦，輒引首東望，吸初日光咽之。其人亦隨其所向，效之不已，遂不復飢，身輕力強。後卒還家，不食，不知其所終。此晉武帝時事。辟穀之法以百數，此為上妙，法止於此。」

《東坡志林》記載了不少怪異奇聞，上引之事不一定靠得住，但當時確實流傳著龜蛇可吞咽日光、以光代食的仙術，即龜能「飲光」。大概古印度也有類似說法，所以迦葉本身包含有「龜」與

「飲光」的雙重意思了。

辟穀為道教方士的一種修煉方法，又叫「斷穀」、「絕穀」、「休糧」，即不食五穀。但辟穀時，並非不吃一切東西，而需食用藥物（丹藥），同時做導引等功夫。飲光術為其一，是以光代食。公元一九七三年十二月從馬王堆漢墓中出土的帛書內，即有〈去（卻）穀食氣〉篇。直至今天還有些人練氣功辟穀，能數天數十天甚至百餘天不吃不喝，精神很好，體重未減。如果報導屬實，確也不好解釋。僅靠「飲光」，如何能變成人體需要的澱粉、脂肪、蛋白質和水？有些人體特異功能目前尚無法進行科學解釋，需要進一步研究。

迦葉羅漢年輕時常修頭陀行，被稱作「頭陀第一」。所謂「頭陀」，是梵文的音譯，意思是「抖擻」，也就是去掉塵垢煩惱之意。「頭陀」是佛教苦行之一。修「頭陀行」，有十二種修行規定。比如穿，要穿用人們遺棄的破衣爛片縫衲成的「糞掃衣」（也叫百衲衣、納衣）；吃，要向人家乞食，每天只吃一頓午飯，而且每頓不許吃飽，只有一小團飯；住，要住在遠離人家的空地，平時休息要坐在墳地裏或露天的地方，還要長坐不臥。

看來，號稱「頭陀第一」的迦葉羅漢，是靠當苦行僧起家的。

釋迦文佛 迦葉 阿難 （明）

迦葉還有個在佛門值得誇耀的大功勞，就是相傳他是佛教第一次結集的召集人。據說，釋迦牟尼逝世的當年，大弟子迦葉召集五百名和尚在王舍城七葉窟，共同憶誦確定佛教經典，這次重要活動，在佛教史上稱作第一次結集。這次結集的佛經內容有幾種說法，有說結集了經、律二藏的，有說結集了經、律、論三藏的，還有說結集了經、律、論、雜集、禁咒五藏的。不管如何，迦葉羅漢在佛教史上是有大貢獻的。

在一般佛廟的正殿——大雄寶殿裏，「大雄」釋迦牟尼像的兩旁，常塑有兩位比丘立像，一是老年人像，一是中年人像。年老的那位就是迦葉尊者，「尊者」是對大德大智和尚的敬稱。據說釋迦牟尼佛涅槃（升天）以後，由迦葉尊者繼續統領徒眾，後世稱其為「初祖」。另一位中年比丘像是誰呢？是迦葉的「法定接班人」——阿難尊者。

阿難

阿難，全稱是「阿難陀」為梵文Ānanda的譯音，漢語意思是「歡喜」，「慶喜」。阿難跟釋迦牟尼本來也不是外人，是親叔伯兄弟。佛經《佛本行集經》、《大智度論》裏說，阿難是釋迦牟尼的叔父斛飯王的兒子，即釋迦牟尼的堂弟。在釋迦牟尼成道的那天夜裏，阿難出生了，所以天生跟佛有「緣份」。釋迦牟尼佛五十五歲的時候，回到家鄉傳道，二十五歲的阿難跟著堂兄出家了，此後侍從釋迦牟尼二十五年，受持一切佛法，成為「十大弟子」之一。

阿難在師兄弟裏最大的本事是「多聞第一」，就是長於記憶，記性最好。釋迦牟尼升天後，五百大羅漢湊在摩揭陀國王舍城外的七葉窟裏集結，為了防止異見邪說，決定憶誦釋迦牟尼生前的言論，舉各自所聞確實無誤者，結合集成佛教經典。這次「五百結集」（即第一次結集），

阿難尊者　（清）

「多聞第一」的阿難十分優秀，他單獨一人就誦出了全部經藏（佛教三藏經、律、論之一），非常不簡單。五百結集的召集人、首席大羅漢迦葉，就把阿難升為師子座。

據說，結集三藏時，阿難煩惱未盡，迦葉看他修行的功夫不夠，就把他請出洞外。阿難坐禪入定，到了後半夜累壞了，想歪著歇一會兒，可是頭還沒碰上枕頭，忽然「廓然得悟，成大羅漢」。阿難趕緊使勁敲洞門，喊人開門。迦葉在裏邊說，你從門鑰匙孔裏進來吧。阿難修行得本事大了，果然從小小鑰匙眼裏鑽了進去。

釋迦牟尼「升天」以後，迦葉尊者成為「初祖」。迦葉「升天」以後，阿難尊者繼領徒眾，被後世稱為「二祖」。

阿難的死法也很高明。阿難在摩揭陀國一片林子中行走，見一小沙彌在誦讀佛經，章句錯謬，文字紛亂。阿難馬上前去指正。沙彌「嘿嘿」冷笑道：「您這位大德是不是有點老糊塗了？我師傅春秋鼎盛正當年，親口教我，決不會有錯！」阿難氣得目瞪口呆，他受不了這麼大的刺激，就離開了摩揭陀國，去吠舍釐城，正在渡殑伽河時，摩揭陀國國王聽得此事，情深戀切，帶領數千兵馬疾馳追趕，準備將阿難請回去，將人馬駐紮在河南岸。

吠舍釐國王聽說阿難前來，悲喜交加，又聽說摩國國王帶軍隊來追，便也帶大隊人馬來搶，軍隊駐紮在河北岸。此時兩軍相對，旌旗蔽日，一場殘殺即將開始。佛門以慈悲為懷，阿難怎忍生靈塗炭？於是阿難做出了自我犧牲。《大唐西域記》卷七〈溼吠多補羅僧伽藍〉稱：「阿難恐鬥其兵，更相殺害，從舟中起，上升虛空，示現神通，即入寂滅，化火焚骸，骸又中析，一墮南岸，一墮北岸。於是二王各得一分，舉軍號慟，俱還本國，起窣堵波（塔），而修供養。」

阿難自焚分身二國當然是神話，但其在當時的名氣之大卻是事實。

阿難與迦葉是師兄弟，與佛教中的某些高級神如彌勒佛、彌陀佛、觀音菩薩等不同，是真實人物（儘管佛教徒為他們製造了一些神話），而後者則是虛構人物。迦葉與阿難在創立佛教上，立下了汗馬功勞，可謂是「開教功臣」。小乘佛寺中以迦葉尊者和阿難尊者為釋迦牟尼佛的左右脅侍，二人是當之無愧的。大乘佛寺中，亦有迦葉、阿難與文殊、菩賢二菩薩共列釋迦牟尼兩側。

目連

目連，即目犍連、大目犍連，全稱叫「摩訶目犍連」，為梵文Maudgalyayana的譯音。意譯「采菽氏」、「大胡豆」、「大讚頌」。《法華文句》說這種胡豆為古仙所愛吃，因以為族名。目犍連當初與舍利弗都信奉外道，各有一百個徒弟。目連與舍利弗相約，先得解脫者必以告。於是二人苦修精進。一日舍利弗見到馬勝比丘，得知佛陀出現，馬上去聽釋迦說法，果然名不虛傳，一下開悟得脫。舍利弗即告之目連，二人高興地作了佛弟子，他們的二百徒弟，也一齊隨師父入教。

目連是十大弟子中的「神通第一」，佛經稱他「神足輕舉，飛到十方，所謂大目犍連比丘是」。（《增一阿含經》卷一）佛經中有關目連的傳說很多，其中最著名的自然是救度餓鬼一事，僅在《撰集百喻經》中就記載有他救度餓鬼的故事五六個，有一次竟救度了五百個餓鬼。而在其救度故事中，又以目連救母最為著名，據《佛說盂蘭盆經》：目連始得道，欲度父母，報哺乳恩。但看到死去的母親在地獄受苦，如處倒懸，求佛救度。釋迦要他於七月

《目連救母》戲文 （明）

十五日，即僧眾安居終了之日，備百味飲食，供養十方僧眾，便可使母解脫。

目連的母親何以在地獄遭受百般苦楚？據佛經稱，這也是事出有因的。圭峰在《盂蘭盆經疏》中說：「定光佛時，目連名羅卜，母字青提。羅卜欲行，囑其母曰：『若有客（指出家人）來，娘當具饍。』去後客至，母乃不供。」就是說，目連的母親是因為怠慢了和尚而被打入地獄的。

目連救母故事在唐代極為流行，民間即有多種《目連救母變文》（《大目乾連冥間救母變文》），這是根據《盂蘭盆經》改編的。後世出現的一些目連寶卷，如《目連救母寶卷》、《目蓮三世寶卷》、《目蓮救母出離地獄升天寶卷》等，也是《盂蘭盆經》的發展和衍變。

按說，佛門即「空門」，佛教主張超脫塵俗，四大皆空，無國無家，無君無臣，無父無母，這與目連救母本不相容。但佛教要打開中國的大門並且落腳安生，就必須要朝向本土主宰思想靠攏——儒家思想，作出某些妥協和讓步不可。充滿孝道說教的目連救母，正是佛教向傳統儒家倫理道德讓步的產物。以孝子和羅漢雙重身分出現的目連，也受到上自帝王，下至黎庶，社會各階層的歡迎。

目連救母的故事還反映在戲劇方面。看戲、聽戲是古時人們最主要的娛樂之一，其影響自然非同小可。在宋代，目連救母的戲已風行民間。《東京夢華錄》卷八載：「講肆樂人，自過七夕，便演《目連救母》雜劇，直至十五日止，觀者增倍。」當時目連戲可連演七天，已是一齣大戲。到了明代，鄭之珍把此戲編成了空前浩瀚的宗教戲《目連救母勸善戲文》，多達一百折，其中插入了一些民間傳統短劇和西遊記故事。戲中表現地獄恐怖情景，並穿插各種雜技演出，豐富多彩，富有刺激性，很能滿足民眾心理。至清代，乾隆又令張照將其改編為宮廷大戲，叫《勸善金科》，演戲時還動用活虎、活象、真馬，極其豪華熱鬧。

在《盂蘭盆經》的影響下，出現了著名的宗教活動「盂蘭盆會」。盂蘭盆是梵文Ullambana（烏蘭婆拏）的音譯，意思是「解救倒懸」。目連的母親在地獄受苦，如處倒懸，故目連求佛救度。在七月十五中元節這一天，僧尼舉行盂蘭盆會，誦經施食。宣稱可使施主今生父母和七世父母都可得以度脫苦厄。中國自梁武帝時始設盂蘭盆齋。節日期間，除施齋供僧眾外，寺廟還要舉行誦經法會、水陸道場、放焰口和放燈等宗教活動。清時，北京盂蘭盆節極盛。《帝京歲時紀勝・中元》稱：

> 庵觀寺院，設盂蘭會，傳為目蓮僧救母日也。街巷搭苫高臺、鬼王棚座，看演經文，施放焰口，以濟孤魂。錦紙紮糊法船，長至七八十尺者，臨池焚化。點燃河燈，謂以慈航普渡，如清明儀，舁請都城隍像出巡，祭厲鬼。
>
> 都中小兒亦於是夕執長柄荷葉，燃燭於內，青光熒熒，如燐火然。又以青蒿縛香燼數百，燃為星星燈。鏤瓜皮，掏蓮蓬，俱可為燈，各具一質。結伴呼群，遨遊於天街經壇燈月之下，名門燈會，更盡乃歸。

雖是宗教活動，但已充滿民間娛樂氣氛了。盂蘭盆節還從漢地傳到了白族、苗族、納西族等少數民族地區，在當地也很流行。我國盂蘭盆節的習俗，唐時由來唐的日本學問僧傳入日本，直至今日，日本寺院和一些家庭還在舉行施餓鬼和放河燈儀式，只是把陰曆改為陽曆七月十五日。

舍利弗

舍利弗為梵文Śāriputra的音譯「舍利弗多羅」的略稱，意譯「鶖鷺子」、「秋露子」。從母得名。

「舍利」為其母之名，「弗多羅」為「子」之意，「舍利弗多羅」即「舍利女之子」。「舍利」本為鳥名，譯曰「秋露」、「鶖鷺」或「百舌鳥」。有人說舍利弗母親的眼睛像鶖鷺的鳥眼，有人又說她是女人中最聰明伶俐的一個，能說會道就像百舌鳥。所以她的兒子舍利弗又可以叫做「鶖鷺子」或「百舌鳥子」。

據佛書《佛本行集經・舍利目連因緣品》、《增一阿含經》卷三等稱，舍利弗是古印度摩揭陀國王舍城人，屬婆羅門種姓。婆羅門為印度第一種姓，婆羅門教、印度教稱之為「人間之神」。婆羅門自認是印度社會的「最勝種姓」。

舍利弗最初修習外道（即佛教以外

山西雙林寺明塑羅漢（摹本）

的其他宗教派別），不料師父突然去世，他感到十分茫然而無所皈依，正趕上目連也在為尋求解脫之道而苦求。於是二人相約，今後無論誰找到光明引照，一定相告，甘露同嚐。一天，舍利弗在途中見到馬勝比丘，二人談得投機，馬勝向舍利弗宣講「因緣所生法」，舍利弗一聽，佩服得五體投地，問他是誰傳授。馬勝比丘告之是釋迦牟尼佛傳授，舍利弗遂找到目連相告，二人高興地率領自己的二百弟子（一說二百五十人）投奔佛陀，皈依了佛門。這一舉動對於壯大佛教聲勢，在當時起了很大作用，舍利弗對佛門是有功勞的。

舍利弗繼承了母親優異的基因，在弟子中智慧敏捷，持戒多聞，善講佛法，被譽為「智慧第一」。

傳說釋迦牟尼在八十歲的一天，對弟子們說自己三個月後當入涅槃（去世）。作為佛陀大弟子的舍利弗十分難過，他不願見到佛陀死去，便要求先佛而死，釋迦牟尼佛祖於是為他解說往昔因緣。不久舍利弗便自行入滅（自殺身亡）以身殉道。

須菩提

須菩提是梵文Subhūti的音譯，意譯為「善現」、「善見」、「善吉」、「空生」等。

據《撰集百緣經・須菩提惡性緣》、《增一阿含經》卷三等載，須菩提是古印度拘撒羅國舍衛城人一個婆羅門家庭，他的父親是當時有名的一位大長者，名叫鳩留。鳩留財產無數，無比富有。但遺憾的是，他已年近老年，尚無子嗣。於是鳩留每天祈禱神佛，請神賜子，但一直沒有得到。鳩留並不怠慢，繼續虔誠地祈禱諸神。據說有一天鳩留在祈禱時，突然半空中出現一位天神，對他說道：「您當得福子，不久有一天王奉命將投胎長者家。」鳩留長者大喜。後來夫人果然懷孕，生下一子。長者便給他取名叫「須菩提」，意思是「善現」、「善吉」，是說他的出生非常地吉祥。為何又叫「空生」呢？

據《法華文句》二稱：「須菩提，此翻『空生』。生時，家中人倉庫筐篋器皿皆空。問占者，占者『言吉』。因空而生，字曰『空生』」。須菩提的出生，雖讓家中的財富變得

須菩提（清）

乾乾淨淨，但算命的認為吉祥，所以給他取名「善吉」（須菩提）。

須菩提自幼聰慧出眾，只是性情暴躁，整天大罵所見之人及畜生，這種個性讓父母親友都很厭煩他。須菩提在家中待不下去了，便離家入山，但見了山中的鳥獸和風吹草動，還是瞋怒詈罵，他看什麼都不順眼，從來沒有高興的時候。

此山的山神見這位成天生氣怒罵的漢子無法解脫，便勸他去見佛陀。須菩提遂跟著山神去見佛陀。一見，他馬上心生歡喜心，禮拜佛陀。釋迦牟尼佛祖為他講說瞋恚果報之苦，須菩提如夢方醒，懺悔前非。此後，經過多年精進修習，須菩提終於獲得阿羅漢果，成為羅漢，並榮登十大弟子之列。

人生充滿了煩惱與不幸，像須菩提這樣看一切都不順眼，整天發脾氣亂罵一氣來發洩心中不滿的，世上確實大有人在；偶爾大罵一通來出出心中的怒氣、冤氣，更是不計其數。但最終能像須菩提一樣透徹地悟得「空」義，無情無欲，與世無爭，常樂安定者，卻極少見。這也正是須菩提的超凡之處，不愧為佛祖十大弟子之一。

須菩提在十大弟子，以「恆樂安定、善解空義，志在空寂」著稱，而得到「解空第一」的稱號。「空」是佛教的一種理論，指事物的虛幻不實，認為一切事物都沒有固定不變的實體，因而「假而不實」，故謂之「空」。佛教宣揚「諸法（一切事物和現象）皆空，以「悟空」為進入涅槃最高境界之門。須菩提對「空」理解得最透徹，也最會解說，所以他常常沉浸在「空」的境界中。一次，有人問他是誰，須菩提回答說：「我是世間人假立名稱為『須菩提』的那個人。」請看，這位「解空第一」，他「空」得多麼徹底！

富樓那

富樓那是富樓那彌多羅尼子，梵文Purna-maitra-yani-putra的音譯之略稱。意譯「滿慈子」、「滿願子」、「滿祝子」等。「滿」是他的名字，「慈」是他母親的姓（梵文的「慈」又有「祝」、「願」的含意），古代印度有以母姓而為名的習俗。

據《佛本行集經》、《增一阿含經》載，富樓那與佛祖釋迦牟尼同日而生。他是迦毘羅婆蘇（迦毘羅衛）人，父親為淨飯王國師之子。他和朋友三十人一起出家，入雪山修習苦行外道，得到四禪五通。釋迦牟尼成道後，在鹿野苑初轉法輪（首次說法傳教，宣講佛門基本教義），富樓那轉而皈依佛陀，並受具足戒，成為佛教初期僧團的重要成員。

在佛陀的十大弟子中，富樓那以「說法第一」著稱。他最善分別義理，廣說佛法，而且辯才極為出色。富樓那的說法技巧高超，是位超級演說家，每次說法，他

釋迦牟尼弟子阿難富樓那等　（清）

「先以辯才唱發妙音，使眾生歡喜。次以苦楚之言，責切其心，使聽者內心肅悚，興難遭之想。終以明慧空無之教，使聞者結解」。

看來富樓那向廣大聽眾宣講佛教義理，不是進行枯燥的說教，而是又說又唱，抑揚頓挫，可能還穿插一些民間故事和傳說，所以他講唱得生動有趣，打動人心。佛教傳入中國後，逐漸形成產生了說唱文學如變文、寶卷、彈詞、鼓詞等，推究起來，這些吸引聽眾，影響廣泛的通俗文學的祖師爺，或許正是古印度的這位說法第一的富樓那。

富樓那說法技巧之高妙，在僧團中無人可比，他的聽眾最多，他所度化的眾生也很多。當時印度西方有個輸盧那國，據說那裏的人民「凶惡輕躁，弊暴好罵」，是弘揚佛法最難的去處。富樓那偏要到該國弘法化度，他向佛陀表示了自己的決心，得到了佛祖的鼓勵和讚揚。富樓那在輸盧那國經過艱苦的工作，終於建立了五百伽藍（寺院），為五百僧眾說法。富樓那在該國廣傳佛法，直至去世。

富樓那在弘法說法方面對佛教做出了巨大貢獻，佛經傳說經過無量阿僧祇劫之後，富樓那得到無上正覺，便會成佛。佛號為「法明如來」。無量阿僧祇劫即無數個阿僧祇劫，一個阿僧祇劫有多長時間呢？一阿僧祇劫為：一千萬萬萬萬萬萬兆！一兆是一萬億，所以富樓那成佛的時間是數的極限，是遙遙無期、永無休止的宇宙數字。宇宙是永存的，富樓那只好永遠等待！

迦旃延

迦旃延是梵文Kātyayāna的音譯，意譯為「剪剃種」、「扇繩」。「剪剃」這個姓很怪，但它是婆羅門貴族著名的十大姓之一，極其尊貴。他為何又叫「扇繩」呢？據《法華文句一》稱，迦旃延剛生下不久，父親就去世了。這個孩子成了母親的累贅，鬧得其母不能再嫁，「如扇繫繩」，於是乾脆就叫兒子「扇繩」了。

迦旃延是西印度阿槃提國人，他最初也修習外道，後皈依佛教，成為釋迦牟尼佛祖的高足，十大弟子之一。他最善於分別諸經，分析法義，擅長說法，「略義能廣，廣義能略」，被譽為「議論第一」。

迦旃延的度化故事流傳很多，最有名的是教老婦「賣貧」而生天和為惡生王解八緣夢的故事。

迦旃延（清）

佛教傳說，阿槃提國有一個大財主，為人慳吝凶狠，有一個丫環從小給他幹活，起早貪黑，任勞任怨，可還免不了挨打受餓，到了老年，更是衣不蔽體，食不飽腹，於是來到河邊痛哭一場，打算跳河自盡，一死了之。正好迦旃延路過這裏，問清原由，便道：「妳這樣貧窮，何不『賣貧』呢？」老婦道：「『貧』如何可賣？誰會買『貧』！」迦旃延說：「可賣。」遂教給老婦求佈施、受齋、念佛、觀佛種種功德。老婦照著去做了，「於後夜中即便命終，生忉利天（即三十三天）」，老婦在天上與五百天女一同娛樂受樂，幸福無比。這個故事載於《賢愚經》卷九。這個故事旨在宣揚，人們要想擺脫貧窮的困境，出家信佛是最好出路。

迦旃延除了變化窮人外，還度化惡人。《雜寶藏經》中講了一個故事。有個惡生王國，國君是個信仰邪道、行為殘暴的惡生王。他不但不信佛法，還喜歡殺害出家人。迦旃延奉佛陀之命毫無畏懼地前去教化。惡生王聽說迦旃延來了，就要叫人去殺他。不料迦旃延反倒送上門來，他見了惡生王就問：「為何要殺我？」惡生王道：「你們這些光頭，見者不吉，所以非殺不可。」迦旃延立刻回答說：「我一見到大王就要被殺害，可見你才是『見者不吉』的人；其實見到我的人會像國王那樣平安無事，我們出家人稱得上『見者大吉』！」一句話說得惡生王啞口無言，也有些省悟。迦旃延真不愧是位雄辯家。以後，他又為國王解釋了夢境八事，即「為惡生王巧解八夢緣」，使惡生王心悅誠服，於是佛教在該國得以發展興盛。

上面的傳說故事，讚頌了「議論第一」的迦旃延在佛教初創時期弘揚佛法的卓越貢獻。

阿那律

阿那律為梵文Aniruddha的音譯，意譯「如意」、「無貪」、「無滅如意」。又作「阿尼律陀」。這個阿那律據稱是釋迦牟尼的堂弟，即釋迦牟尼的叔父甘露飯王之子。釋迦牟尼成道以後曾回到老家，阿那律佩服堂兄的道行，於是跟從出家，並成為佛的「十大弟子」之一。

佛的十大弟子各有一樣絕活兒，即某種能力第一。阿那律是「天眼第一」。天眼又叫「天眼通」，為佛家六神通之一。六神通者：一、**神足通**，身能飛天入地，出入三界。二、**天眼通**，能見「六道中眾生諸物，若近若遠，若粗若細，諸色莫不能照」。即能知眾生未來生死事。三、**天耳通**，能聽見眾生的喜怒哀樂諸聲及世間各種聲音。四、**他心通**，知眾生心中所念事。五、**宿命通**，能知自身數世乃至百千

明塑羅漢（摹本）

萬世之宿命以及六道眾生之宿命。六、漏盡通，斷一切煩惱惑業，永脫生死輪迴。

阿那律雖得天眼第一的大神通，可他本人卻是個盲人。據《楞嚴經》卷五說他出家之初，貪眠不起，釋迦牟尼很生氣，呵斥他像個畜生貪睡。阿那律受此刺激，下狠心克服毛病，遂連續七日不眠，竟不幸失明。阿那律雖然把自己的雙目弄失明，但得了個「天眼通」，是佛門的千里眼。這就叫「因禍得福」。

阿那律的「天眼」能見十方（東、西、南、北、東南、東北、西南、西北、上、下）地域，達到了「見閻浮提（即南贍部洲，指人們居住的世界）如視掌上菴摩羅果（形如胡桃）」的高級境界。觀看偌大一個地球，竟如掌中一個小胡桃，簡直是「電子眼」了！

應該是具有天眼通，讓阿那律對人類世界看得太清楚、太明白了，所以他是最心平氣和的一位羅漢，跟誰都能合得來。他還以自己的禪定體會，悟出了證道的方法。他認為：道是從少欲、知足、寂靜、正念、正定、精進、正慧、無戲論八法得到的。

清心寡欲，知足常樂，追求高尚的精神生活，在人欲橫流的世界裏不為功名利祿所動，不斷完善自我——這就是阿那律給世人的啟發。

優婆離

優婆離是梵文Upāli的譯音，又譯作「優波離」、「優波利」，意譯「近取」，「近執」。何以叫「近執」？《二十唯識述記》下說：

此云「近執」，親近於王，執王事也。

《彌勒上生經疏》卷下云：

優婆離，此云「近執」。佛為太子，彼為大臣，親近太子，執事之臣。

其實，這位親近太子的「執事大臣」，並非一般意義的朝廷大臣，而是宮中最低級的雜役，他所執的「王

山西雙林寺明塑羅漢（摹本）

事」，不過是給國王太子等人理髮，即釋迦牟尼做太子時的宮中理髮師。據《佛本行集經》、《五分律》、《大唐西域記》等，優婆離是古印度迦毘羅衛國人，屬首陀羅種姓。首陀羅是古印度的第四種姓，屬社會最底層，是奴隸、雜工和僕役。他們為主人耕牧、從事家務勞動，沒有任何權利，受盡剝削壓迫，社會地位極低。優婆離出身第四種姓，為王宮理髮師。釋迦牟尼成道還鄉時，遂跟從出家，並成為著名「十大弟子」之一。

優婆離在眾弟子中，以奉持戒律最為嚴謹著稱，《增一阿含經》卷三說：「奉持戒律，無所觸犯，優波離比丘是。」故其為「持律第一」。《大智度論》卷二稱，優婆離「於五百羅漢中，持律第一。」因優婆離是位持律模範，故釋迦牟尼寂滅後，在佛教第一次結集時，據說由他誦出了律藏。

優婆離屬於最低種姓，但能成為十大弟子之一，這也展現了釋迦牟尼主張「四姓平等」的思想。佛教要求打破人種優劣論，在出家修行方面和僧伽內部提倡平等，具有一定的民主性，是有進步意義的。

優婆離持律第一，他自從依佛受戒以來，未曾犯戒如毫釐。但他也並非固執戒條，不通情理。有一次，祇園精舍一位比丘，得病六年不癒。要治好他的病，必須要用五升酒配藥治療，但又不敢犯酒戒。優婆離知道此事後，立即請示佛陀是否可以破一次例。得到佛陀允許之後，優婆離以酒配藥，終於治好了這位病重的比丘。為此，佛祖特別稱讚他是「真能持律之人」，並勉勵他要「為將來比丘說禁法，使知輕重，得濟危厄」。

羅睺羅

羅睺羅為梵文Rāhula的譯音，又作「羅怙羅」、「羅護羅」。意譯為「覆障」、「障月」、「執月」。羅睺羅是釋迦牟尼的唯一親生兒子。釋迦牟尼在俗時，是第二夫人耶輸陀羅所懷之子。據稱懷胎六年，生於釋迦牟尼成道之日。出生時正趕上月蝕，故名「障月」；又因其在母胎六年，亦曰「覆障」。著名譯經家、後秦的鳩摩羅什在《註維摩經》卷三中對此解釋道：「羅睺羅六年處母胎，所覆障故，因以為名。」

羅睺羅十五歲時隨從父親出家作了沙彌。羅睺羅成了佛教的第一個沙彌，為佛門有沙彌之始。沙彌是指七歲以上二十歲以下受過十戒的出家男子，即民間俗稱之「小和尚」。羅睺羅為「密行第一」，所謂「密行」，是說三千威儀，八萬細行，大眾不知，唯其知之能行。羅睺羅不但是佛祖的十大弟子之一，也是著名的十八羅漢之一。

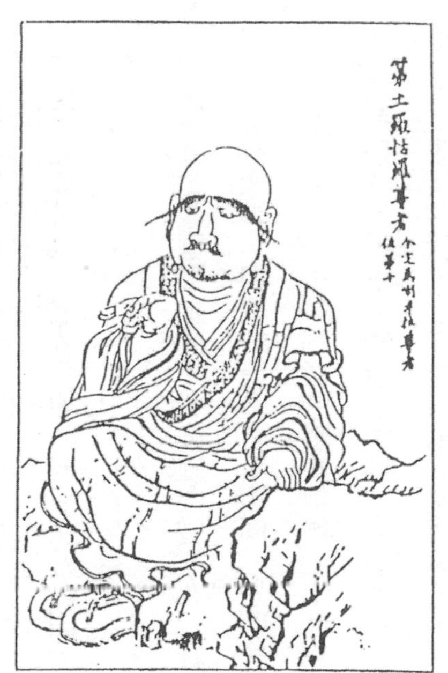

羅睺羅　（唐·貫休）

因羅睺羅是佛祖的親兒子，故而儘管佛門宣揚「世法平等」，但佛子的身價畢竟不一樣，十大弟子中除他以外沒有哪位能夠佔據一寺或一殿，唯有羅睺羅可以。最著名的羅睺寺在五台山，為五台五大禪處之一。這裏的「開花現佛」，聞名遐邇。

五台山羅睺寺創建於唐代，相傳羅睺羅曾在寺中顯聖，並留下足跡，過去寺內曾建有「羅睺羅足跡殿」。羅睺寺天王殿的四大天王像、文殊殿中的文殊像等，與顯宗造像有所不同，是明顯的喇嘛教風格。在寺廟後殿有一奇特的「開花現佛」，大殿中央有一木製圓形的彩繪佛壇，上面刻有水浪和十八羅漢過江情景，周圍還有二十四諸天像，四角是四大天王。圓盤正中伸出大型蓮花，高達丈餘，內雕佛龕，四方佛分坐其中。平時蓮瓣緊合，呈蓮苞形狀。當寺僧操動機關使蓮臺轉動時，蓮瓣便在空中徐徐綻開，四方佛慢慢現出。這就是名噪四海的「開花現佛」。千里迢迢來此朝拜的善男信女們，將此一觀，視為終身大幸。

中國以農曆六月十四日為文殊菩薩誕辰日。相傳佛子羅睺羅在此日為其祝壽，以認鬼相娛。屆時寺僧穿上奇裝異服，戴上鬼面，隨鑼鼓節拍滿院蹦跳，從早到晚，觀者如堵。

除五台山羅睺寺外，全國各地還有一些羅睺廟、羅睺殿，供奉如來佛祖的兒子。

濟公

佛門中的羅漢名目眾多，如十六羅漢、十八羅漢、五百羅漢等。這些「高級和尚」，數量眾多，又是洋名字，人們很難一一記得他們。但也有例外，其中一位中國的羅漢，即是家喻戶曉，婦孺皆知。他就是人們喜愛的濟公。

濟公在歷史上實有其人。生於南宋紹興十八年（公元一一四八年），卒於嘉定二年（公元一二〇九年），活了六十一歲。濟公是台州（今浙江臨海）人，原名李心遠，出家後法號「道濟」。最初是在浙江杭州靈隱寺出家，後移住淨慈寺。於此寺亡故。其為人「狂而疏，介而潔。」由於他不守戒律，嗜好酒肉，舉止如瘋如狂，又被稱為「濟癲僧」。在有關他的大量民間傳說中，濟公是個見義勇為、專管人間不平，又神通廣大的傳奇人物。他智鬥秦丞相（秦檜及其後人），懲治嘲弄貪官污吏；他路見不平，定要拔刀相助，而他的行動又多以嬉笑幽默的形式表現出來，是位濟困扶危而不修邊幅的奇特高僧。百姓們並不稱他道濟師父，而尊稱他為「濟公」、「濟公活佛」、「活菩薩」。佛教徒們則把他神化，說是「降龍羅漢」轉世。濟公與高高在上、不食人間煙火的佛、菩薩不同，在不合理、不公平的時代，他是受苦受難者的朋友和救星。

杭州有個著名風景區——虎跑。虎跑泉被譽為「天下第三泉」，與西湖龍井茶葉，合為「西湖雙絕」。風景幽美秀麗的虎跑，有不少佛教建築，其中的濟公殿、濟祖塔院最為著名。濟公殿是供奉濟公的，濟祖塔院有二層樓高，是濟公和尚的葬骨處。在靈隱寺對面，為著名的飛來峰，此山玲瓏剔透，怪石林立，其中洞穴很多。有名的青林洞（又名金光洞）中，洞穴曲折，山石多變，這裏至今留有「濟公床」、「濟公桌」等。相傳當年濟公在靈隱寺出家時，常偷偷躲到這裏燒狗肉吃，喝醉了酒就在石床上呼呼睡去。有趣的傳說，引得無數遊人在這裏遐想聯翩，流連忘返。

濟公的經歷不尋常，他的塑像也很奇特。在羅漢堂中，濟公不大遵守「紀律」，他並不排列在羅漢們的隊伍中。如北京碧雲寺中的羅漢堂，你不注意是找不到濟公的，因為他蹲在房樑上。照民間的說法，這是因為他去羅漢堂「報到」去晚了，只好「屈尊」在此。在江南一些大廟裏，濟公常常站在過道裏。他的塑像都是身穿破僧衣，手拿一把破扇，面部表情塑造得極為生動。眼睛十分傳神，無論從哪個角度看，都像在盯著你看。從三面觀察，竟有三種不同表情。由左面看，他愁容滿面，所謂「愁眉苦臉」；從右面看，他笑容滿面，所謂「春風滿面」；再看正面，他半邊臉哭，半邊臉笑，所謂「半嗔半喜」、「哭笑不得」、「啼笑皆非」。高超的塑像，正是濟公幽默性格的真實寫照。濟公造像以四川新都

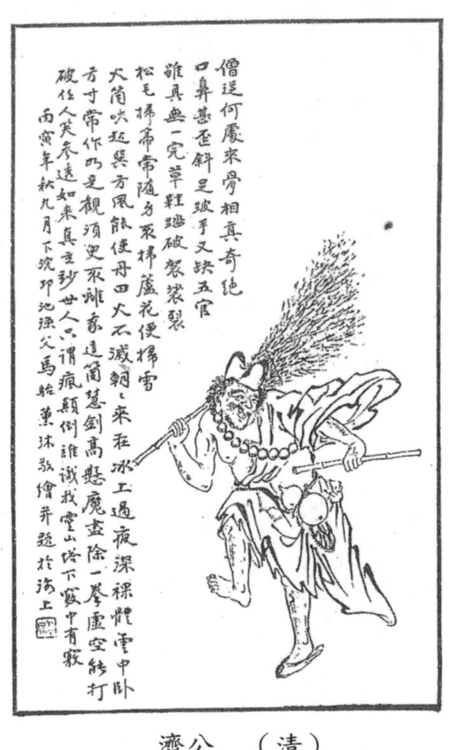

濟公　（清）

寶光寺、蘇州西園戒幢律寺等處最為著名。

有關濟公的小說，最早為明代的《紅倩難濟顛》，但傳本已佚。明隆慶年間，沈孟柈撰有《錢塘漁隱濟顛禪師語錄》一卷。明清之際，無名氏（「天花藏主人」）編撰了《醉菩提全傳》，又名《濟顛大師玩世奇蹟》二十回。清初王夢吉撰有《麴頭陀新本濟公全傳》三十六則。後清代郭小亭作《濟公傳》（全稱《評演濟公傳》）二百四十回，是濟公傳說故事的集大成之作。演濟公的戲劇也很多，清代有《醉菩提》傳奇。京劇中亦有《濟公活佛》，又名《濟公傳》，全套共十八本，連臺演出。濟公的單本戲也有很多，大都取材於長篇小說《濟公傳》。

臺灣對濟公也很歡迎，除了濟公廟外，還有一些慈生濟世堂，奉祀濟公。一九八八年七月，臺灣豐原縣的慈生濟世堂信徒，萬里迢迢，專程到杭州淨慈寺進香拜濟公。來大陸前，他們特用檀香木雕了一尊濟公像，奉回大陸「接香」。在後院濟公大殿，海峽兩岸的濟公神像，齊供於同一香案，兩岸信徒合掌誦經，同頌濟公。

瘋僧

在佛教聖地安徽九華山中，有一著名寺院「旃檀禪林」，前殿為兩層佛殿，下層供布袋和尚，上層供西方三聖——阿彌陀佛、觀音、大勢至。後殿為韋馱殿，有護法韋馱，有趣的是，殿前還有兩尊小小的雕像，一為濟癲和尚（即濟公），一手拿著薄如紙片的小酒盅，一手搖著破芭蕉扇，笑盈盈，手舞足蹈，好似酒醉歸來，逍遙自在。另一位是赤腳行走的和尚，手揮麈拂，左肋下夾著一把掃帚。這就是南宋的「瘋僧」，又叫風波和尚。

風波和尚以「瘋僧掃秦」的佳話而流傳於世。近人所編《西湖古今佳話》載此傳說云：

宋丞相秦檜與張俊等誣害岳飛而既置之獄，意猶未決。乃進香靈隱，求簽於神前。

及廊，遇瘋僧。左右惡其犯導，欲執之。僧大笑曰：「阿瞞（指曹

瘋僧（明代傳奇《東窗記》）

操）固一世之雄也，而今安在哉？」檜奇其語，提而詢之。僧曰：「前因後果，天理昭彰，忠奸自見，善惡有報。相公身居宰輔，獨手可以擎天，奈何殺棟樑之臣！國家安危，豈不一計耶？」檜曰：「何謂棟樑？」僧正色曰：「岳飛耳！」

檜躊躇不語，僧狂笑曰：「愚矣哉！尚不悟耶？然悔不及矣！」言訖，以所執敝帚掃檜之面，揚長而去，瞬息不見。侍從皆驚愕。

檜神魂喪失，半晌，登輿行歸，而謀諸其妻王氏。王氏叱曰：「山野狂僧，胡不撲殺此獠？」並取爐炭於東窗下書六字曰：「縛虎易。縱虎難。」檜恍然，遂害武穆（岳飛）於風波亭。

瘋僧掃秦事在民間影響很大，與岳飛同時的洪邁在其所撰《夷堅志》中，即記有此事。宋元間還出現以此題材編演的雜劇多種，如《秦太師東窗事犯》、《地藏王證東窗事犯》（簡稱《東窗事犯》）等。劇情寫的是，岳飛、岳雲等被秦檜害死後，地藏王化身為呆行者（即瘋僧），在靈隱寺等秦檜來燒香時，警告他說，東窗事發了。何宗立奉秦檜命捉拿呆行者，呆行者已不見，留詩一首，有「家住東南第一山」之語。何宗立得賣卦先生等指引，見到地藏王，地藏王令何見秦檜鬼魂，其披枷帶鎖並請何宗立傳話給王氏，說東窗事犯了。二十年後，何宗立回到京城，參見宋孝宗，奏明出差原因與經過，並奏明岳飛已升天，秦檜已入地獄。孝宗於是祭奠了岳飛。

元人金人傑還撰有《東窗事犯》小說。今崑曲有《掃秦》一劇，即演此事。在清初錢彩所撰《說岳全傳》第七十回〈靈隱寺進香瘋僧遊戲　眾安橋行刺義士捐軀〉中，即詳述瘋僧事。

瘋僧與南宋另一怪僧濟顛常作為一對「奇僧」而引人注目，二位常常被同時供奉，一「瘋」

一「癲」，相映成趣。如四川成都北郊的寶光寺羅漢堂中，觀音塑像的兩側，分別有瘋僧和濟公的立像。瘋僧左手拿著破掃帚，右手執吹火筒，蓬頭垢面，鶉衣百結，口歪嘴斜，手殘腳跛，但兩眼炯炯，十分有神。在杭州靈隱寺大雄寶殿佛祖背後的大型彩塑「五十三參」中，眾多的神像內，亦有手拿破扇的濟公和手執敝帚、身黑如墨的瘋僧。

秦檜之流永遠跪在了岳飛的墓前，被億萬人民唾罵，遺臭萬年；而那位敢於「掃秦」、伸張正義的瘋僧或風波和尚，卻被後人尊為羅漢，躋身於神聖的佛門殿堂之中，分享著人間的香火。

老實講，中國世俗對羅漢堂中名目繁多、面目難分的洋羅漢們的大隊人馬，除了有點好奇之外，是沒有多大興趣和印象的，只有對瘋僧和濟公這種「國產」羅漢，才有濃厚興趣和親切感。他們憑藉自己的「功德」，證得羅漢果位，貨真價實。這是中國民眾全體通過的。甚至可以說，由於他們的加入，才使得呆板沉寂的羅漢堂出現了笑聲，濟公和瘋僧給佛門殿堂增添了生氣和光彩。

附帶一提，有人將瘋僧說成濟公是不對的，濟公與瘋僧是兩個人。

瘋僧掃秦　（明）

高僧慧遠

佛教在漢代傳入我國，最初並未引起統治階級的重視，直到三國時還不發達，只是在西晉大亂之後，才開始興盛起來，尤其到了東晉、十六國時，得到了更廣泛地傳播。

東晉時代，國家分裂，戰亂不止，人民生活痛苦異常，朝不保夕。人人感到生命短促，人生無常，苦難無窮，歡樂少有。人人都在尋覓心靈的慰藉和來世的幸福。就在此時，佛門出現了一個傑出人物，他就是倡導往生西方極樂世界，淨土宗的始祖——慧遠。

慧遠（公元三三四年～四一六年），俗姓賈，雁門樓煩（今山西省寧武附近）人，活了八十二歲，幾乎與東晉王朝（公元三一七年～四二〇年）相始終。慧遠的一生正是處於中國社會大分裂、大混戰、大動亂的歷史時代。

慧遠出身於仕宦家庭，家境優

慧遠　（清）

裕。但當時北方政局動盪，當權者統治苛暴，不少富家子弟南下避難，慧遠少年時即隨舅父令狐氏遊學許昌、洛陽，博覽六經，尤善《老》、《莊》。慧遠在儒學、玄學方面根基深厚，對於他後來調和佛、儒、道和成為佛教學者及領袖，有著重要作用。

社會的動盪不安，使慧遠產生了遁世隱居思想，他想去南方找著名隱士范宣子，但南路阻塞，未能成行。當時高僧道安在太行恆山立寺，講經傳法，慧遠慕名投奔，成為道安弟子。道安為弟子們講解《般若經》，宣稱「色」（物質世界）和「心」（精神世界）皆由因緣和合而成，虛幻不實，是「空」的。人們只有通過佛教智慧（「般若」）否定以一切現象為實有的世俗認識，才能把握佛教「真理」，得到解脫。慧遠聽後，豁然而悟，不禁歎道：「儒道九流，皆糠秕耳。」慧遠聰明好學，研讀頗深，很受道安器重。

慧遠出家後，本擬前往廣東羅浮山棲身傳道，弘揚佛教。路過潯陽（今江西九江市）時，「見廬峰清靜，足以息心」。廬山的幽靜秀麗吸引了慧遠，他便在這裏定居下來。最初在西林寺，西林寺是廬山著名寺廟，蘇東坡的佳作「橫看成嶺側成峰，遠近高低各不同。不識廬山真面目，只緣身在此山中」，就是寫在西林寺牆壁上的。後來慧遠的弟子日益增多，西林寺容納不了，刺史桓伊便在西林寺以東修建了新寺，即東林寺。以後慧遠一直住在東林寺，直至去世。

慧遠在東林寺住了三十年，進行多方面宗教活動，最主要的是創立了佛教「淨土宗」。「淨土」是佛教說法，即指佛所居住的世界，又稱「淨國」、「佛國」，與世俗眾生所住的世界即所謂「穢土」、「穢國」相對而言。因為佛有無數，故淨土也無數，影響最大的是西方淨土——西方極樂世界。西方極樂世界的教主是阿彌陀佛，「阿彌陀」的意思是「無量光」、「無量壽」，是說其光明無限廣闊，壽命無限長遠。阿彌陀佛又叫「無量光佛」、「無邊光佛」等，共有十三個名號。佛教宣稱無量壽佛能接引念佛人往生西方淨土，所以被稱作「接引佛」。阿彌陀佛的誓願在諸佛中特別宏大，即使是罪大惡極的眾生，只要拋棄世間一切，誠心誦其名號，都可被接引迎入西方極樂世界。《佛說阿彌陀經》說得很明確：

> 若有善男子善女子聞說阿彌陀佛，執持名號，若一日，若二日，若三日，若四日，若五日，若六日，若七日，一心不亂，其人臨命終時，阿彌陀佛與諸聖眾，現在其前。是人終時，心不顛倒，即得往生阿彌陀佛極樂國土。

慧遠倡導彌陀淨土信仰，傳說他在廬山東林寺邀集僧俗十八人，即所謂「十八賢」組成「白蓮社」，入社者一二三人，在精舍阿彌陀佛像前建盟立誓，共期往生西方佛國淨土極樂世界。因此慧遠被尊為淨土宗初祖。不過十八高賢的說法並不可靠。

慧遠創立的淨土宗，奉行念佛三昧，即以修定坐禪，息心忘念，心注西方，觀想念佛，為通往西方淨土的修行方法。這與此前中國佛門對印度佛教只是依樣畫葫蘆，單純移植不同，使佛教走向了中國化。又由於這修行簡便易行，吸引力極大，因而在社會中流傳廣泛，口誦「阿彌陀佛」者不可勝數，中國也變得有些佛教化了。

慧遠成為淨土宗領袖後，著書立說，講經論道，邀請西來經師譯經，全國許多高僧雲集東林寺，他還與統治階級上層人物、社會名流高士相交，但又決不失人格。慧遠與東林寺的名聲，還遠播海外。唐時該寺智恩和尚與鑑真法師東渡到日本傳教，東林寺淨土宗教義隨之傳入日本。至今日本東林教仍以慧遠為始祖。

慧遠所創淨土宗的祖庭東林寺，在江西九江市廬山西北麓。唐時極盛，寺內殿閣廂室有三百一十餘間。今寺院有山門二道，佛殿四座。第二道山門的朱紅門牆上有「秀挹廬峰」四個大字，寺東羅漢松傳為慧遠手植。山門後為護法殿、正殿、左右兩殿為十八高賢堂又叫念佛堂，傳為當年慧遠與僧俗十八人結為「蓮社」（白蓮社），共修淨土念佛誦經之地。三笑堂是因著名的典故「虎溪三笑」而得名。寺前溪流即「虎溪」，自南向西迴流，上有石拱橋。《廬山志》載：慧遠居廬山東林寺三十餘年，專心修行，影不出山，跡不入俗，送客不過虎溪，「過則虎輒鳴吼。」一次他與著名詩人陶淵明、山南道士陸修靜，說佛談儒講道，三人聊得投機，慧遠送二人出山門，邊走邊談，不覺過了橋，山中老虎吼叫不已，三人相視大笑。這段佳話，世人稱為「虎溪三笑」。宋代畫家石恪還據此畫了《三笑圖》，蘇軾、黃庭堅都作過圖贊。不過，這個富於浪漫色彩的故事，只是個傳說，因為三人並不同時，自然不可能在一起「三笑」，這實際是宋代以來儒、釋、道三家逐漸走向融合的反映。

寺內殿後還有聰明泉、石龍泉、白蓮池、出木池。歷代名人慕名而來者甚多，如李白、白居易、柳公權、陸游、岳飛、王守仁等皆曾在此題詩，並立有石碑。

達摩

少林寺位於河南嵩山少室山北麓五乳峰下，建於一五〇〇年前的北魏。印度高僧菩提達摩在此首創禪宗，後被尊稱為中國禪宗的初祖，少林寺也成為禪宗祖庭。唐初少林和尚佐唐太宗開國有功，此後寺僧常習拳練武，形成著稱於世的少林派武功。

寺內的達摩亭（又稱立雪亭）和寺西北的初祖庵，都是為紀念達摩祖師。初祖庵大門兩邊，有一副醒目的石雕對聯，概括了達摩的身世：「在西天二十八祖，過東土初開少林。」按「西天」（天竺，即古印度）禪宗的傳承關係，達摩為第二十八世。他來「東土」後，成為中國禪宗祖師爺，但初創少林寺的是另一個印度僧人跋陀，他比達摩早到三十多年。

達摩身世

達摩是菩提達摩的略稱，梵文Bodhidharma，「摩」也寫作「磨」。意譯「道法」。菩薩多羅。他與佛祖釋迦牟尼一樣，也屬於刹帝利種姓，一說他屬於婆羅門種姓，總之是貴族出身。達摩是南天竺香至國國王的第三子，印度禪宗第二十七祖般若多羅至其國受國王供養，說法王宮，乃與達摩相見。達摩出家即悟性極高，據《五燈會元》卷一載，有一天般若多羅掏出一顆十分名貴的大寶珠，問香至王的三個兒子：「此珠圓明，有能及否？」兩個哥哥回答說：「此珠七寶中尊，固天逾也。非尊者道力，孰能受之？」是說這顆寶珠無比珍貴，一般人哪有福氣得到？這哥兒倆不過是凡夫俗子的一般理解。而達摩的回答卻很是不同凡響，他說，這顆閃閃發光的大寶珠可以稱得上是「世寶」、「世光」、「世明」，但卻比不上「法寶」、「智光」和「心明」。意思是說這後三者只有佛才具有，寶珠的珍貴如何比得上佛陀的神明？

達摩面壁　（明）

達摩接著說：「此珠光明，不能自照，要假智光，……然則師有其道，其寶即現。眾生有寶，心寶亦然。」意思是說要靠外在事物來顯示自己是寶貝的東西，決不是真正的寶貝；只有得到老師（禪師）的「道」，認識到自己的價值（「心寶」）才是真正的「寶貝」。

般若多羅見達摩很有根器，遂決定傳法於他。達摩在父王去世後，辭別諸兄，從般若多羅出家。般若多羅曾囑達摩曰：「汝且化此國，後於震旦（指中國），當有大因緣，然須我滅後六十七載，乃可東之。」般若多羅入滅，達摩從師教，留本國教化。六十餘年後，前往中國，泛舟渡海，歷三年到達中國南海。

達摩見梁武帝

達摩於梁武帝普通元年（公元五二〇年）或大通元年（公元五二七年）來到了廣州，受到廣州刺史蕭昂的禮迎，並上表奏聞武帝。帝覽表後，遣使請至建康（今南京）。達摩與好佛的梁武帝見面真的是耐人尋味。

梁武帝問他：「朕即位以來，造寺寫經，度僧不可勝記，有何功德？」顯得很自負。不料達摩說：「並無功德。」武帝很不服氣：「何以無功德？」達摩說：「此但人天小果有漏之因，如影隨形，雖有非實。」一心想成佛的梁武帝只好向這位來自佛祖家鄉的正宗傳人請教：「如何是真功德？」答曰：「淨智妙圓，體自空寂，如是功德，不以世求。」武帝又問：「如何是聖諦第一義？」答曰：「廓然無聖。」武帝又不高興了：「對朕者誰？」達摩曰：「不識。」最後，「帝不領悟，祖（達摩）知機不契」，二人不歡而散。（《五燈會元》卷一）

菩提達摩來到中國的這次亮相很不尋常，與梁武帝蕭衍的對話其實是一篇出色的演教宣言，他帶來了一種嶄新的佛教宗派——禪宗，可惜武帝不能領悟。達摩指出，靠世傳的那一套，如造寺寫經，戒齋度僧，念佛誦經等，說不上是什麼大功德，不過是「人天小果」。人天果屬六道（地獄、餓鬼、畜生、阿修羅、人、天）輪迴之中，沒有脫離三界（世俗世界的欲界、色界和無色界），離超越生死的成佛境界差得很遠，所以是「小果」。至於「聖諦第一義」，對於把佛祖融入自身、即身成佛的禪宗來說，自然不存在什麼佛法聖諦。而蕭衍面對「真佛」並不能「領悟」，只能說明他在悟道上不過是個平庸之輩罷了。他對禪宗的精粹——教外別傳，不立文字，直指人心，見性成佛──是一竅不通的。

拈花微笑與禪宗二十八祖

談到禪宗，總離不開「拈花微笑」這一著名典故。《五燈會元》卷一云：

> 世尊在靈山會上，拈花示眾。是時眾皆默然，唯迦葉尊者破顏微笑。世尊曰：「吾有正法眼藏，涅槃妙心，實相無相，微妙法門，不立文字，教外別傳，付囑摩訶迦葉。」

《景德傳燈錄》卷一亦稱，釋迦牟尼佛祖將佛門最深刻的「心印」傳給大迦葉後，並敕阿難副貳傳化，無令斷絕，而說偈曰：

> 法本法無法，無法法亦法。
> 今付無法時，法法何曾法。

就在佛祖拈花、迦葉微笑的一剎那間，釋迦牟尼佛祖把最高級、最深刻的「禪宗」傳給了迦葉，迦葉已與佛祖、宇宙三者合一，他得到了真正的佛法，也就作佛了（「即心即佛」）。迦葉亦即成為禪宗西天初祖。

「拈花微笑」的故事雖然生動又神祕，但這不過是個佛教傳說、後人杜撰，真實的情況是先有禪宗，而後才有這禪宗第一公案。相傳禪宗在傳入中國以前，在古印度已延續了二十八代西天二十八祖。但這一法系也靠不住，因為最後確定二十八祖之說的是中國人，見於《壇經》和唐貞元十年（公元八〇一年）沙門慧炬寫的《寶林傳》。其中十二祖馬鳴大士和十四祖龍樹大士都是大乘教理的弘揚者，也被拉來編入不立文字、以心傳心的隊伍，實在有些勉強。不過，西天二十八祖之說為後世禪師們所公認。

西天第二十八祖即菩提達摩，他又兼為東土初祖，正如少林寺初祖庵的楹聯所言：

在西天二十八祖；
過東土初開少林。

面壁九年為東土初祖

達摩與梁武帝話不投機，遂離建康渡江北上。相傳達摩來到江邊，江水茫茫無舟楫可渡，只有一位老婦坐在岸邊，身邊有一捆蘆葦。達摩向她要了一根，放入江中，雙腳踏上去，眼觀鼻，鼻觀心，心觀丹田，憑藉一陣東南風悠悠北去。今天少林寺中還有一塊元代碑刻《達摩一葦渡江圖》，就反映了這段傳奇。

達摩來到嵩山少林寺，在寺後五乳峰找到一天然石洞，「九年面壁而坐，終日默然。人莫之測，謂之壁觀婆羅門。」（《景德傳燈錄》卷三）相傳達摩面壁時間長久，面影形攝入石中，衣褶彷彿全有，故有「面壁石」，又叫「影石」。其實，那不過是一塊有紋理的石頭罷了。

九年後，少林寺僧眾全成了達摩的門徒，遂把他請進寺內。達摩成了繼跋陀之後的少林寺第二代方丈大和尚。達摩的面壁禪定對中國佛教影響極大，人們把達摩提倡的禪定靜慮、消除雜念，頓悟成佛的方法，稱之為禪學。他所開創的這一中國佛教宗派——禪宗，為佛門開闢了一個嶄新的境界。

達摩的壁觀禪定，即「外息諸緣，內心無喘，心如牆壁，可以入道」（唐・宗密《禪源諸詮集都序》卷二）。所謂「禪」，為梵文Dhyana的音譯「禪那」之略，意為「靜慮」、「思維修」。認為心緒寧靜專注，才能深入思慮義理。壁觀即心如牆壁，不容妄念侵入，一心參悟。達摩教導弟子們說：「捨妄歸真，凝住壁觀，無自無他，凡聖等一，堅住不移。」（敦煌本《楞伽師資記》卷一）

達摩還總結了「二入」、「四行」的教旨。「二入」即「理入」和「行入」。「理入」指悟入諦理，即從理上了悟自心的清淨本性，證涅槃，得解脫。「行入」就是所謂「修行」，包括「四行」，通俗講即「逢苦不憂」，「苦樂隨緣，得樂不喜」，「有求皆苦，無求乃樂」，「為法而行」。一句話，要安於淡泊寧靜的生活，斷絕種種貪欲，才能進入壁觀安心的妙境。

達摩坐禪時間久了，自然肢體麻木，於是必得起來活動活動身體、手腳，這就是所謂「羅漢拳」，又叫「十八羅漢手」。後人在此基礎上，博採百家，發展成一套少林拳法。傳說養生功夫《達摩洗髓經》和《易筋經》，亦為達摩所傳。

達摩將衣缽法器傳給了弟子慧可之後，離開了少林寺，雲遊四方。據說在洛水之濱遇毒身亡，葬於熊耳山（今河南宜陽縣），起塔於定林寺。

至於說他手提一隻鞋又回家鄉去了，（所謂「隻履西歸」）則純粹是神化故事了。

惠能

唐代高宗年間，佛門出了一位雖然目不識一丁卻悟性超人，開創了禪宗南宗的高僧，即中國佛教史上的禪宗六祖惠能。

惠能（公元六三八年～七一三年），又作慧能，俗姓盧。原籍范陽（今北京一帶），父親盧行瑫曾在范陽為官，後因罪貶到南海新州（今屬廣東），遂落籍嶺南。據《五燈會元》、《六祖壇經》載，惠能出生後，有二僧造訪，對其父說：「夜來生兒，我們特來送名，小兒就叫『惠能』吧。」盧行瑫問：「何名惠能？」僧曰：「惠者，惠施眾生；能者，能作佛事。」

惠能三歲即喪父，家中貧困，稍長便採樵養母度日。一日負薪至市中，聽人讀《金剛經》，有所感悟，遂安頓好母親，北上求佛法。至韶州（今廣東韶關），結識了尼姑無盡藏，惠能請無盡藏講說經書，無盡藏指著書上的字讓他讀。惠能說：「我不識字，請問其義。」尼姑道：「字尚不識，怎能懂義？」惠能說：「諸佛妙理，非關文字。」無盡藏聽了，十分驚異，對他很是敬重。

惠能後到蘄州黃梅（今屬湖北）參拜弘忍和尚，這一年他二十四歲。弘忍見了惠能，問他道：「你是何等人，欲求何物？」惠能答道：「弟子是嶺南人，遠來禮師，唯求作佛。」弘忍說：「你是嶺南人，又是獦獠（當時對西南少數民族的一種貶稱），怎能作佛？」惠能道：「人分南北，佛性無南北，獦獠身與和尚身雖不同，但佛性無差別。」弘忍很欣賞他的辯才，卻不動聲色，讓他去碓坊作雜役。

八個月後，弘忍讓眾僧作佛偈（佛經中的唱詩），以便選拔法嗣接班人。弘忍的上座弟子神秀，學通內外，為眾僧所仰，被公推作偈。於是神秀於廊壁上寫一偈云：

身是菩提樹，心如明鏡臺；
時時勤拂拭，勿使惹塵埃。

此事傳到碓坊，惠能正在舂米，對同伴說道：「此偈美則美矣，了則未了。」遂請人在此偈旁寫下自己所作之偈：

菩提本無樹，明鏡亦非臺；
本來無一物，何處惹塵埃！

慧能　（明）

惠能偈文把菩提樹、明鏡臺都看成是空的，這要比神秀對「空」（指事物的虛幻不實和理體的空寂明淨）的理解徹底得多，高明得多，自然得到弘忍的賞識。弘忍遂於夜半三更喚惠能入堂內，講說《金剛經》，並將衣鉢傳給了他，囑咐他說：「受衣之人，命如懸絲，你當遠隱，俟時行化。」惠能便星夜南逃，後來有數百人去追趕，欲奪回法衣（袈裟），但沒有追上。

惠能帶著禪宗五祖弘忍所傳衣鉢，逃回嶺南，為防神秀手下人追尋暗害，混跡市廛、獵隊中十六年。至唐高宗儀鳳元年（公元六七六年），他來到南海（今廣州）法性寺（光孝寺）聽印宗法師講說《涅槃經》。當時風吹幡動，一個和尚說是風動，一個和尚說是幡動，二僧爭論不已。惠能插言道：「不是風動，也不是幡動，是你們心動。」惠能一語，滿堂震驚。

印宗感到惠能定非常人，於是反執弟子禮，向惠能請教佛法真諦。惠能拿出弘忍所傳衣鉢，令眾僧瞻禮。惠能在此宣講佛教不二法門，並剃髮正式為僧（惠能在弘忍的東山寺只是帶髮修行做雜役的「行者」），公開成為禪宗南宗的領袖。

惠能禪宗的最大特點是「頓悟」。他弘揚「直指人心，見性成佛」的頓悟法門，認為人人皆有佛性，人人皆能成佛。神秀的「勤拂拭」，是坐禪漸悟的工夫，而惠能的「無樹」、「非臺」，就是本來清靜、無物，就是覺即成佛。

弘忍傳衣鉢於慧能　（清）

這與神秀在北方倡行的「漸悟」相對，史稱「南頓北漸」、「南能北秀」。惠能弟子將其行狀、說教匯編成《六祖壇經》，為禪宗重要經典，也是唯一一部中國僧人所作可以稱為「經」的佛教著作。惠能繼達摩、慧可、僧璨、道信、弘忍之後，而被尊為禪宗六祖。

惠能祖庭為南華禪寺。南華寺坐落在廣東韶關市以南二十公里的庾嶺分脈山麓。此寺創建於南朝梁武帝天監三年（公元五〇四年），初名寶林寺。寺院依山而建，面臨北江支流曹溪。宋太祖趙匡胤賜寺名「南華禪寺」。禪宗六祖惠能在寶林寺（南華寺）講禪長達三十七年，培養了著名的弟子四十三人，使南派禪宗流傳各地而形成河北臨濟、湖北溈仰、江西曹洞、廣東雲門、南京法眼等五宗，成為「一花五葉」。中唐以後，南宗成為禪宗正流，還遠播到泰國、朝鮮、日本及歐美。千百年來，南華寺因惠能的功果而被尊為「祖庭」，是佛教信徒朝拜的聖地。

南華寺最為珍貴的佛教聖物，是惠能的「真身」。唐玄宗先天二年（公元七一三年），惠能在新州國恩寺圓寂，終年七十六歲。遺體運回曹溪南華寺後，沒用天竺規矩火葬，而保存其真身，即全身塗上膠漆，盤膝而坐，穿上袈裟。「真身」的作法很講究，先以鐵條在身背後支撐遺體，使之盤腿團坐，再塗上漆加香粉的上等塗料，待乾後再塗，如此反覆數百次，便形成了一層結實的漆殼。殼底留有小孔，置於底部開孔的大缸，加蓋密封，藏於地下，腐水由漆殼底部小孔排出，再由缸底孔洞排出，數年後，漆殼內只餘乾屍骨架，即中國式木乃伊，外表卻如真人。

惠能臨終時，曾對弟子們說：「我滅後五、六年，當有一人來取吾首級。」弟子們明白，神秀在北方已成為禪宗北宗領袖，神秀還被召到長安，武則天親加禮拜。為了爭得正統地位，南北二宗對抗十分激烈。於是弟子們在惠能的「真身」頸部用鐵片、漆布圍護，特地建了「靈照塔」供奉。

塔內還藏有六祖惠能的「真傳衣鉢」，即初祖達摩祖師來中國傳教時帶來的一襲木棉袈裟（所傳「信衣」），以及唐中宗所賜高麗國袈裟、寶鉢等。開元十年（公元七二二年），八月三日夜半，果然來了刺客，刀砍惠能「真身」，鏘然有聲，驚動了僧眾，但刀卻砍不進，刺客被捉，真身得以保存。（《景德傳燈錄》卷五）不料，數百年後的宋朝末年，元兵南侵，入南華寺，殘暴地將六祖真身封破胸腹。雖經劫難，六祖真身還是保存了下來，體內有鐵條支撐，尚有一些枯骨，其餘以泥草填充。歷經一千三百年，真身形態仍若生前，神態安詳，彌足珍貴。

六祖惠能的重要遺跡還有廣州光孝寺。俗諺稱：「未有羊城，先有光孝。」可見其歷史之長。此地原為南越王趙建德故宅，三國時吳國虞翻貶官後居於此宅，虞翻死後，家人獻宅為寺。中國禪宗始祖達摩西來中國，即先在此寺講法傳教。寺內六祖殿中置惠能坐像，高二．五公尺，碑廊中還有六祖像碑。寺中的風幡堂為講經場所，是為紀念惠能當初著名的「風幡論辯」而設立的。寺內還有六祖髮塔，即瘞（音義，埋藏）髮塔。惠能當初在此寺經過風動幡動的爭論，驚動眾僧，遂公開禪宗法嗣身分，並在大殿後面菩提樹下祝髮受戒，成為禪宗六祖。寺內主持隨將惠能頭髮瘞於樹下，並建塔覆蓋其上。塔以石為基，用灰沙磚砌成，七層八角，高七．八公尺，每層各面皆鐫置佛像，塔基圍繞石欄，古樸莊嚴。

廣州市六榕寺內六祖堂中，亦供有六祖惠能銅像。銅像鑄於距今一千年前的北宋太祖端拱年間，重有半噸，法相莊重，神態生動，工藝精緻，為佛教藝術珍品。

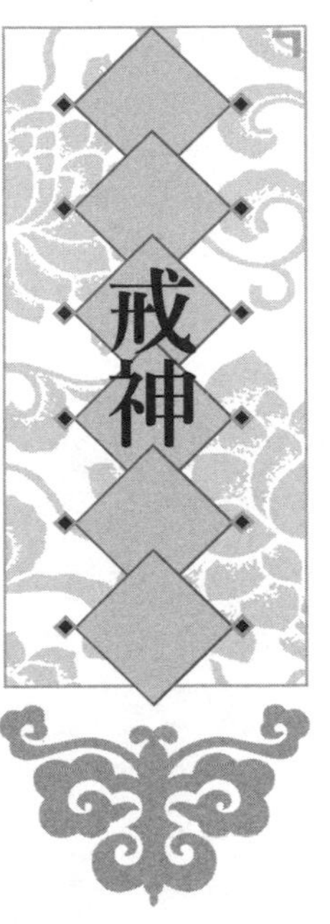

俗人出家為僧，又叫度僧，「度」是使人「脫離塵俗」和「出離生死」之意，因出家為僧尼必須剃去鬚髮，故又稱「剃度」。剃除鬚髮後，要穿上僧尼衣服，此即所謂「落髮染衣」。削髮之後，寺院還要為這些初入佛門的出家人舉行隆重的受戒儀式。授戒必須要在特定的地點進行。

大的寺院在廟中都有戒臺，最著名的是「中國三大戒壇」，即北京戒臺寺、福建泉州開元寺和浙江杭州臺慶寺。其中北京戒臺寺居三大戒壇之首，被譽為「天下第一壇」。戒臺寺歷史悠久，創建於一千三百多年前的唐代武德年間，依山勢順坡而建。戒壇殿在寺廟的第六進即最後一座院落。大殿正中就是舉世聞名的「天下第一壇」。戒臺為漢白玉築高臺，平面呈正方形，高一丈有餘，共有三層，每層戒臺都有須彌座，三層戒臺合起來象徵佛教崇拜的聖地——須彌山。每層石臺四面都鐫有文飾和石甕洞，雕刻精緻，為明代原物。

在每層須彌座的束腰處，都雕刻出許多小佛龕，上層二十八個，中層三十六個，下層四十九個，總計一一三個。在每個小佛龕裏，都有一位小神，這就是所謂「戒神」了。戒神是護戒之神。他們原本都是妖魔，因受如來佛教化而皈依了佛門，侍奉三尊（釋迦牟尼佛、藥師佛、阿彌陀佛），保護天下出家人，因而被封為戒神。那一排排戒神，體態面容各有不同：有面目猙獰、兩臂生翅的大藥叉；有半人半妖、怒目圓睜的羅剎；有威風凜凜、頂盔貫甲的將軍；也有飄飄欲仙、容光煥發的聖母；還有道貌岸然、展卷凝思的書生……。

受戒儀式十分隆重，坐在中間的是：戒和（尚授戒的主師）、羯磨師（主持授戒儀式）、教授師（對受戒者教授威儀作法），這是所謂「三師」；還有七位老僧分列兩側，稱「尊證和尚」，是見證人，是謂「七證」；合起來叫做「三師七證」。有些佛徒還要舉行「燒痂」儀式，是在出家落髮的佛徒頭上點燃幾個塔形殘香頭，讓其燃燒至熄滅，以表示「願以肉身作香，燃點敬佛」的無比誠心。燒痂俗稱燒香疤，佛家叫做「爇頂」。在和尚頭上所見的「疤點」，就是「燒痂」後留下的「虔誠」。由於各人發心的不同，而有一、二、三、六、九、十二個痂點的差別，越多表示越虔誠。戒臺寺戒壇傳授的是戒律中最高級的「菩薩戒」，頭頂要燒十二個痂點。

新出家的僧人受戒後，寺院發給「度牒」即合格僧人身分證，上面寫明受戒日期和「三師七證」的法名。受戒後的僧尼可以拿著度牒，隨意到各地寺廟雲遊化緣或向世人講經傳法，最易受到歡迎和熱情接待。

後記

在我四十三歲生日來臨之際，終於可以奉獻給讀者一份薄禮了。雖然它還顯得粗糙，欠缺，不盡如意，但我是盡心盡力地做了，而且將來還可把它雕琢得更好些。

本書自約稿後動筆，至作此《後記》，歷時三十三月。一千天時間按說不算短，可惜，並不完全屬於我。盡職與盡孝子賢夫慈父的義務，要花去許多時間。那麼，其他業餘時間都是自己的了？也未必。舍下坐落在古都南城一個不起眼兒的、極其擁擠的大雜院內。寓所為一間書房兼客室兼全家起居室，雅號「寔靡居」。「寔靡居」者，十米居也。

只有夜深人靜，時間才真正屬於我。如此算來，一千天其實是個虛數，在有效的「實數」裏，完成三十五萬字的耕耘，確實緊張得可以。這要感謝北京燕山出版社的總編輯劉珂理先生。本書從最初的設計到定型，從內容到寫法，一直得到劉先生熱情關心與支持。還要感謝我的這本書的責任編輯里功君，里功君是位「催稿三郎」，沒有里功君的拚命催索，怕還要拖上兩年。

本書寫作也得力於著名學者周紹良師，與周師相識七年，在治學態度與方法上頗得教誨。我的第一篇宗教方面的長篇論文即在先生的指導幫助下完成的。周先生與張紫晨教授審閱了全部書稿，提出了中肯意見。舒蕪、朱家溍二老審了部分書稿。其中三位先生并為拙著作序。任濤同志、劉建新同志也對本書進行了全面的審閱。黃苗子先生熱情地題寫了書名。書內插圖，除本人搜集外，尚得歷史博物館李之檀、李露露，世界宗教研究所張新鵰，中國民族圖書館胡琦峻，中國佛教圖書文物館凌海成、莊小明，中國青年出版社劉鐵柱、李斌等諸先生的無私幫助。內人李蘭全力解除我的後顧之憂，並協助整理材料，出力良多，堪稱內助。對以上諸位師友的幫助，深表感激。

馬書田

一九八九年三月於北京寔靡居

附錄一　華夏諸神誕辰一覽表（以農曆日期排列）

正月

初一　元始天尊聖誕
彌勒佛（布袋和尚）聖誕（一作初二）
初二　孫正真人（孫天醫誕）
初五　路頭神（財神）誕
定光佛聖誕（一作初六）
初六　清水祖師誕
九天玄女聖誕（一作二月十五）
初八　白衣觀音聖誕
江東神誕
五殿閻羅王誕
初九　玉皇大帝聖誕
漢閩越王誕
十一　太均娘娘（保嬰送子）誕
十三　劉猛將軍（蟲王爺）誕
十四　順懿夫人（順天聖母）誕

十五　上元天官大帝誕
張天師（張道陵）誕
門丞戶尉誕
佑聖真君誕
臨水夫人（陳靖姑）誕
金天娘娘誕
三一教主誕
盤古大王聖誕（一作十月十六日）
十六　三王公（古公三王）誕
開臺聖王誕
門神誕
十九　長春丘真人誕
二十　招財童子誕
廿五　滿族倉稟神誕

二月

初一　一殿秦廣王誕
初二　濟公菩薩誕

福德正神（土地爺）誕
初三　文昌帝君（梓潼神）誕
初八　三殿宋帝王誕
張大帝誕
十二　百花娘娘誕
十三　葛真君誕
十五　太上老君聖誕（一作七月初一）
岳武穆王（岳飛）誕
開漳聖王誕（一作二月十六）
十八　王陽真君誕
十九　觀音菩薩聖誕
廿一　普賢菩薩聖誕
廿三　廣澤尊王誕（一作八月廿二）
廿四　都龍王誕
廿五　元天明真君誕
廿六　真武大帝聖誕（一作三月初六）

三月

初一　二殿楚江王誕
初三　王母娘娘聖誕
　　　北帝聖誕
初四　乳星娘娘誕
初五　禹王爺誕（一作三月廿八）
　　　送子娘娘誕
初六　眼光聖母誕（一作四月廿日）
初七　何仙姑誕
初八　六殿卞城王誕
十五　保生大帝（吳真人）誕
　　　趙公元帥誕
　　　醫靈誕
十六　準提菩薩聖誕
十八　中岳大帝聖誕
十九　太陽星君聖誕
　　　朱天大帝祭日
二十　註生娘娘誕

廿三　天后娘娘（媽祖）聖誕
廿六　鬼谷先師誕
廿七　七殿泰山王誕
廿八　東嶽大帝聖誕
　　　造字先師（倉頡）誕
廿九　土地公誕

四月

初一　八殿都市王誕
初四　文殊菩薩聖誕
初八　佛祖釋迦牟尼聖誕
　　　九殿平等王誕
　　　牛王誕（壯族）
初十　葛仙翁誕
十三　天尹真人誕
十四　呂純陽祖師誕
十五　鍾離祖師誕
十七　十殿輪迴王誕

金花夫人誕
十八 北極紫微大帝聖誕（一作十月廿七）
華佗神醫仙師誕
大王菩薩（霍光）誕
廿一 托塔李天王誕
廿四 朱天菩薩誕
廿五 武安尊王誕
廿六 鍾山蔣公誕
廿八 神農先帝聖誕（一作四月廿六，壯族為三月三日）

五月

初一 南極長生大帝聖誕
初二 梅山福主誕
初五 藥王誕（一作四月廿八）
初七 巧聖先師（魯班）誕（又作六月十三、十二月廿日）
初八 龍母聖誕
十一 城隍誕（又作二月十二、廿二，五月十二日，七月廿四日等）
十二 炳靈公誕

十三　關聖帝君誕
二十　丹陽馬真人誕

六月

初一　韋馱誕（一作初三）
初六　龍母娘娘誕
　　　楊泗菩薩誕
　　　土地公誕（壯族）
　　　崔府君誕
初十　劉海蟾誕
十一　田都元帥誕
　　　井泉龍王誕
十二　彭祖誕
十四　文殊菩薩聖誕
十五　王靈官誕
十六　馬仙誕
廿三　火德真君（火神爺）誕
廿四　財神誕

雷祖大帝聖誕
廿六　二郎星君誕（一作廿四）
廿八　南嶽大帝誕（一作十二月十六）

七月

初一　七星娘娘誕
初六　康元帥誕
初七　魁星誕
五福菩薩誕
織女誕
初十　鐵拐李誕
十三　大勢至菩薩聖誕
十五　中元地宮大帝聖誕
十八　王母娘娘聖誕（一作三月初三）
十九　值年太歲星君誕
廿一　普庵祖師誕
廿二　財帛星君誕（一作二月十一）
廿四　草聖大王誕

鄭仙誕

廿七　玉清黃老誕

廿八　馬元師誕

三十　地藏王聖誕

八月

初一　許旌陽真君誕

初二　妙海真君誕

初三　北斗星君聖誕

九天司命灶君誕

初五　雷聲普化天尊聖誕

初十　北嶽大帝誕

十五　太陰星君（月娘）誕

伽藍爺誕

十八　酒仙誕

潮神誕

十九　天皇誕

廿二　燃燈古佛聖誕

九月

初一　南斗星君誕
　　　飛天大聖誕
初三　五瘟誕
初五　斗姆元君誕（一作初九）
初九　臨水夫人誕
　　　中壇元帥（太子爺）誕
　　　火神爺誕
　　　酆都大帝聖誕
　　　九皇大帝聖誕
十三　孟婆神誕
十七　金龍四大王誕
　　　蚱蜢將軍誕
十八　倉聖先師誕
廿二　太乙真人誕
　　　增福財福誕
廿六　五顯靈官誕

瘟神娘娘誕

廿八　華光大帝誕

廿九　藥師佛誕（一作三十日）

十月

初一　三田都千歲誕

初三　三茅真君誕

初五　達摩祖師誕

初十　水仙尊王誕

張果老誕

十二　齊天大聖（孫悟空）誕

十五　下元水官大帝聖誕

十八　地母娘娘誕

廿三　周倉將軍誕

廿五　感天大帝（許真人）誕

十一月

初六　西嶽大帝誕

初七 八臘神誕
十一 太乙救苦天尊聖誕
十七 阿彌陀佛聖誕
十九 九蓮菩薩聖誕
廿三 張仙誕
廿七 董公真仙誕

十二月

十二 蠶花娘娘誕
十五 溫元師誕
十六 福德正神誕
廿一 多寶佛誕
廿二 重陽王祖誕
廿九 華嚴菩薩誕
三十 廁神（紫姑）誕

〔注〕諸位神明本屬子虛，其誕辰自然也由人定。因地區不同，傳說有異，神誕日亦不盡相同，尚有少量重複。

附錄二　與諸神相關的民俗節日一覽表（以農曆日期排列）

正月

初一　接神。放爆竹，以避山臊惡鬼。
迎喜神（山門走喜神方）。
祭五聖菩薩（每月初一、十五）

初二　祭財神。

初三　祭天地神。

初五　接財神（迎五路財神、關帝）。

初八　祭拜「順星」（本命星辰）。
拜仙姑（八、十八、廿八共三日）看參星日。
羅列仙節。

初九　祭天公（玉皇大帝）。
迎九娘神。

十三　祭劉猛將軍（蟲五爺）。

十四　迎紫姑（廁神）。（也有在正月十三或十五）

十五　上元節，祭天官大帝。燈節。

拜喜神日。

十六　中幡聖會。

十九　燕九節。

廿三　喇嘛「打鬼」。

二月

初一　中和節，祭太陽星君。

初二　祭土地公。

花神會。

十五　三都廟會（祭祀徐王廟）。

涅槃節（佛祖涅槃日）。

三月

上旬　清明鬼節，上墳掃墓，祭拜眾鬼。

初三　蟠桃會，紀念王母娘娘。

上巳節，去江邊洗滌污濁，以消災除邪。

初十　中嶽廟會。

十五　白族「三月街」（觀音市）。

廿三　天后宮（媽祖廟）「皇會」。
廿八　東嶽會。

四月

初八　浴佛節。
　　　放生會。
公曆　傣族潑水節。
廿五　白族觀音會。
廿八　藥王會。

五月

初一　城隍出巡。
初五　端陽節。掛鍾馗像、天師像，以驅鬼祟。
十三　關帝會。
　　　祭關帝日（又作六月廿四日、九月十三日）。
十五　瘟神會（又作四月十一日、六月廿五日）。
廿一　靈寶天君誕。

六月

初六 蟲王節。
天貺節（寺院曬經，信女翻經「轉男身」）。
十六 魯班節。
十九 觀音會（觀音菩薩成道日）。
廿四 祭雷神。

七月

初七 乞巧節，祭牛郎織女星。
七娘會。
拜魁星。
十二 地獄開門日。
十四 目連節。
祀檐神（防小兒疾）。
十五 中元節，拜三界公（天官、地官、水官）。鬼節、燒紙船，普度孤魂。
盂蘭盆節。
麻姑節。

八月

初三　華佗會。

灶君會（灶王爺生日）。

十四　五猖會。

十五　中秋節，拜月神娘娘（太陰星主）。

九月

初一　禮拜北斗日（一日至九日）。

十月

十五　下元節，祭水官大帝。

祀陳十四娘娘。

十二月

初一　跳灶王（至廿四日）。

初八　臘八節（佛祖成道日）。喝臘八粥（「佛粥」）。

十七　祭窯神（或十八日）。

廿三　祭灶（也有在廿四日）。
廿四　送灶神。
廿五　接玉皇。（玉皇下界之辰）
三十　換門神。
迎灶王下界（接灶）。
諸神下界日。
三十　地藏節。

附錄三　重要神祇及其相關寺廟一覽表

如來佛

釋迦牟尼佛（如來佛）

河南洛陽白馬寺

四川榮縣中國第一釋迦

牟尼石刻像（三十六點六七米）

過去七佛

遼寧義縣奉國寺

山西交城縣玄中寺

五方佛

福建泉州開元寺

北京法源寺

山西大同善化寺（南寺）

橫三世佛

北京頤和園香岩宗印之閣

北京萬壽寺

昆門圓通寺圓通寶殿

豎三世佛

北京雍和宮

山西大同下華嚴寺

北京廣濟寺

臥佛

北京香山臥佛寺（銅製，五米餘）

上海玉佛寺（玉雕）

北京法源寺（木雕，七米餘）

福州西禪寺（玉雕，四米）

四川安岳縣（石雕，二十米）

甘肅張掖縣（木胎泥塑，三十四點五米）

四川潼馬縣馬龍山（石刻，三十六米）

臺灣新竹縣六福野生動物園（玻璃纖維，四十五米）

三身佛

山西平遙縣雙林寺

北京廣濟寺

雲南曹溪洞觀音殿

觀音菩薩

浙江舟山群島普陀山

福建廈門南普陀寺

哈爾濱市極樂寺

河南汝南縣小南海大士寺

雲南白族自治州羅剎閣

臺灣臺北市龍山寺

文殊菩薩

山西五台山文殊道場

成都文殊院

普賢菩薩

四川峨眉山普賢道場

南昌市普賢寺

彌勒佛

北京廣濟寺天王殿

江蘇蘇州靈岩寺彌勒閣

布袋和尚（大肚彌勒佛）

杭州靈隱寺飛來峰

南京棲霞禪寺

十八羅漢

西安市慈恩寺

杭州市孔朝藏有貫休畫

十六羅漢像刻石

五百羅漢

甘肅慶陽蓮花寺石窟（石雕）
四川大足北山石窟（石刻）
山西五台山佛光寺（彩塑）
湖北漢陽歸元寺（脫紗金漆）
北京雍和宮法輪殿（金、銀、銅、鐵、錫製成）
北京香山碧雲寺（木雕金裝）
河北承德避暑山莊普寧寺（杉木金漆）
重慶羅漢寺（彩塑）
江蘇常州天寧寺（石板線刻，泥塑金裝）
四川新都寶光寺（彩塑）
江蘇蘇州西園戒幢律寺（彩塑）
湖南衡山祝聖寺（青石陰刻）
昆明笻竹寺（彩塑）
江蘇蘇州寒山寺（樟木金裝）
昆明西山華亭寺（彩塑）

濟公　瘋僧

杭州靈隱寺海島群塑
杭州淨慈寺
杭州虎跑泉濟公塔院
四川新都寶光寺
江蘇蘇州西園戒幢律寺
北京西山碧雲寺

達摩

河南嵩山少林寺
福州鼓山達摩洞

二十諸天

昆明圓通寶殿（二十四諸天）
山西大同華嚴寺
杭州靈隱寺
浙江普陀佛頂山慧濟寺（二十八諸天）
武漢歸元寺大雄寶殿海島群塑（二十四諸天）

山西大同善化寺（二十四諸天）
山西五台山金閣寺（二十四諸天）
上海龍華寺

四大天王
成都寶光寺
北京雍和宮

韋馱
北京廣濟寺
河北北戴河海濱西聯峰
山有一崖壁浮雕韋馱像

哼哈二將
北京頤和園香岩宗印之閣
北京戒台寺
河南嵩山少林寺
昆明西山華亭寺

部分參考書目

老子《道德經》
《山海經》
西漢・劉安《淮南子》
東漢・應劭《風俗通義》
東漢・蔡邕《獨斷》
六朝《漢武帝內傳》
東晉・葛洪《抱朴子》、《神仙傳》
東晉・干寶《搜神記》
南朝梁・宗懍《荊楚歲時記》
唐・玄奘《大唐西域記》
唐・慧琳《一切經音義》
唐・段成式《酉陽雜俎》
北宋・孫光憲《北夢瑣言》
《太平廣記》「神仙」部、「神」部
北宋・普濟《五燈會元》

北宋・張君房《雲笈七籤》
北宋・高承《事物紀原》
南宋・洪邁《容齋隨筆》
南宋・孟元老《東京夢華錄》
南宋・趙彥衛《雲麓漫鈔》
南宋・曾敏行《獨醒雜志》
南宋・周密《齊東野語》、《武林舊事》
元・趙道一《歷世真仙體道通鑑》
元末羅貫中撰、明馮夢龍增訂《三遂平妖傳》
明刊本《三教源流搜神大全》
明・徐道《歷代神仙通鑑》
明・黃瑜《雙槐歲鈔》
明・吳元泰《八仙出處東遊記》（《東遊記》）
明・余象斗《北方真武祖師玄天上帝出身全傳》（《北遊記》）
《五顯靈官大帝華光天王傳》（《南遊記》）
明・郎瑛《七修類稿》
明・田汝成《西湖遊覽志》
明・王世貞輯《列仙全傳》

明・梅鼎祚《青泥蓮花記》
明・胡應麟《少室山房筆叢》
明・羅懋登《三寶太監西洋記通俗演義》
明・沈德符《萬曆野獲編》
明・楊爾曾《韓湘子全傳》
明・鄧志謨《呂仙飛劍記》
明・煙霞散人《斬鬼傳》
明・雲中道人《平鬼傳》
明・劉侗、于奕正《帝京景物略》
明・明刊本《土地寶卷》
《鸚哥寶卷》
清・顧炎武《日知錄》
清・屈大均《廣東新語》
清・趙吉士《寄園寄所寄》
清・汪象旭《呂祖全傳》
清・褚人獲《堅瓠集》
清・呂熊《女仙外史》
《古今圖書集成・博物匯編・神異典》

清・李調元《粵東筆記》
清・周賓所《識小編》
清・沈起鳳《諧譯》
清・翟灝《通俗編》
《日下舊聞考》
清・俞樾《茶香室業鈔》
清・顧祿《清嘉錄》
清・李慶辰《醉茶志怪》
清・平步青《霞外捃屑》
清・王有光《吳下諺解》
清・無名氏《桃花女陰陽門傳》
清・無垢道人《八仙得道》
清・姚福均《鑄鼎餘聞》
清・黃斐默《集說詮真》
清刊本《玉歷至寶鈔》
清福保《佛學大辭典》（一九二二年）
胡朴安《中華全國風俗志》（一九二三年）
許道齡《北平廟宇通檢》（一九三六年）

徐肇瓊《天津皇會考》（一九三六年）

望雲居士《天津皇會考紀》（一九三六年）

李家瑞《北平風俗類征》（一九三七年）

〔日〕多田貞一《北京地名志》（一九四四年）

王重民等編《敦煌變文集》（一九五七年）

丁山《中國古代宗教與神話考》（一九六一年）

〔臺〕李叔還《道教大辭典》（一九七九年）

趙景深《中國小說叢考》（一九八〇年）

朱家溍《武當山》（一九八〇年）

任繼愈主編《宗教詞典》（一九八一年）

莊一拂《古典戲曲存目匯考》（一九八二年）

〔臺〕宋龍飛《民俗藝術探源》（一九八二年）

朱天順《中國古代宗教初探》（一九八二年）

李正心《大足石刻漫記》（一九八三年）

李孝友《昆明風物志》（一九八三年）

薛後《少林寺珍聞實錄》（一九八四年）

李劍國《唐前志怪小說史》（一九八四年）

袁珂《中國神話傳說》（一九八四年）

王明《道家與道教思想研究》（一九八四年）
《中國美術全集・民間年畫》（一九八四年）
鄭石平等《中國四大佛山》（一九八五年）
張紫晨《中國民俗與民俗學》（一九八五年）
卿希泰《中國道教思想史綱》（一九八〇年、一九八五年）
張綏《宗教古今談》（一九八五年）
周叔迦《法苑談叢》（一九八五年）
史旺成《五台山史話》（一九八五年）
翁偶虹《北京話舊》（一九八五年）
袁珂《中國神話傳說詞典》（一九八五年）
魏開肇《雍和宮漫錄》（一九八五年）
秋浦主編《薩滿教研究》（一九八五年）
楊玉潭等《五台山寺廟大觀》（一九八五年）
《神話 仙話 佛話》（一九八六年）
宗力、劉群《中國民間諸神》（一九八六年）
何新《諸神的起源》（一九八六年）
任騁《七十二行祖師爺的傳說》（一九八六年）
〔日〕鎌田茂雄《簡明中國佛教史》（一九八六年）

馮修齊《寶光寺攬勝》（一九八六年）
馮驥才編《話說天津衛》（一九八六年）
白化文《佛寺漫遊》（一九八六年）
薄松年《中國年畫史》（一九八六年）
李門、姚玉樞《「鬼城」遊考》（一九八六年）
任騁《藝風遺俗》（一九八七年）
葛兆光《道教與中國文化》（一九八七年）
丘桓興《中國民俗採英錄》（一九八七年）
王家佑《道教論稿》（一九八七年）
〔日〕窪德忠《道教史》（一九八七年）
林悟殊《摩尼教及其東漸》（一九八七年）
程曼起《諸神由來》（一九八七年）
鄧端本等《嶺南掌故》（一九八七年）
喻松青《明白蓮教研究》（一九八七年）
鄭傳寅、張健等《中國民俗辭典》（一九八七年）
張松如《老子說解》（一九八七年版）
白化文、邵伯人《佛陀菩薩羅漢天王》（一九八七年）
覃光廣《中國少收民族宗教概覽》（一九八八年）

冉紅《鬼城傳奇》（一九八八年）
劉志文《煙酒茶俗》（一九八八年）
湯一介《魏晉南北朝時期的道教》（一九八八年）
方立天《中國佛教與傳統文化》（一九八八年）
《寶寧寺明代水陸畫》（一九八八年）
《中國美術全集・寺觀壁畫》（一九八八年）
曾召南、石衍豊《道教基礎知識》（一九八八年）
惠西成、子石編《中國民俗大觀》（一九八八年）
葉春生《嶺南風俗錄》（一九八八年）
蔡大成《中國神話學文獻目錄》（稿）
《世界宗教研究》一九七九年　一九八八年
《民間文學論壇》一九八二年　一九八八年
（注：書中所引佛、道經書有關論文，在文內已注明，因數量較多，茲不贅錄。）

國家圖書館出版品預行編目（CIP）資料

佛教諸神 / 馬書田著. -- 二版. -- 臺北市 : 風格司藝術創作坊, 2015.06
面； 公分
ISBN 978-986-91787-4-7(平裝)

1.神祇 2.民間信仰 3.中國

272 104008386

佛教諸神

作　　者／馬書田著
主　　編／吳韻茹
發 行 人／謝俊龍
出　　版／風格司藝術創作坊
106台北市大安區安居街 118 巷 17 號
Tel：（02）8732-0530　Fax：（02）8732-0531
http://www.clio.com.tw
總 經 銷：紅螞蟻圖書有限公司
Tel：（02）2795-3656　Fax：（02）2795-4100
地址：台北市內湖區舊宗路二段121巷19號
http://www.e-redant.com
出版日期：2016 年 06 月　第二版第一刷
訂　　價：320 元

ISBN 978-986-91787-4-7　Printed in Taiwan

Knowledge House & Walnut Tree Publishing

Knowledge House & Walnut Tree Publishing